행복을 담은
마음그릇

행복을 담은
마음그릇

초판 1쇄 펴낸날 2018년 12월 1일

지은이 | 조셉 존슨
편역자 | 김수빈

발행인 | 이종근
펴낸곳 | 하늘아래
주소 | 서울시 종로구 이화장1가길 6 부광빌딩 402호
전화 | 02-374-3531 팩스 | 02-374-3532
전자우편 | haneulbook@naver.com
등록번호 | 제300-2006-23호

ISBN 978-89-89897-95-8 (03320)
Copyright ⓒ 2015, 하늘아래

값 12,000원

*잘못된 책은 구입하신 서점에서 바꿔드립니다.
*이 책의 저작권은 도서출판 하늘아래에 있습니다. 하늘아래의 서면 승인 없는 무단 전재 및 복제를 금합니다.

행복을 담은

마음그릇

조셉 존슨 | 김수빈 편역

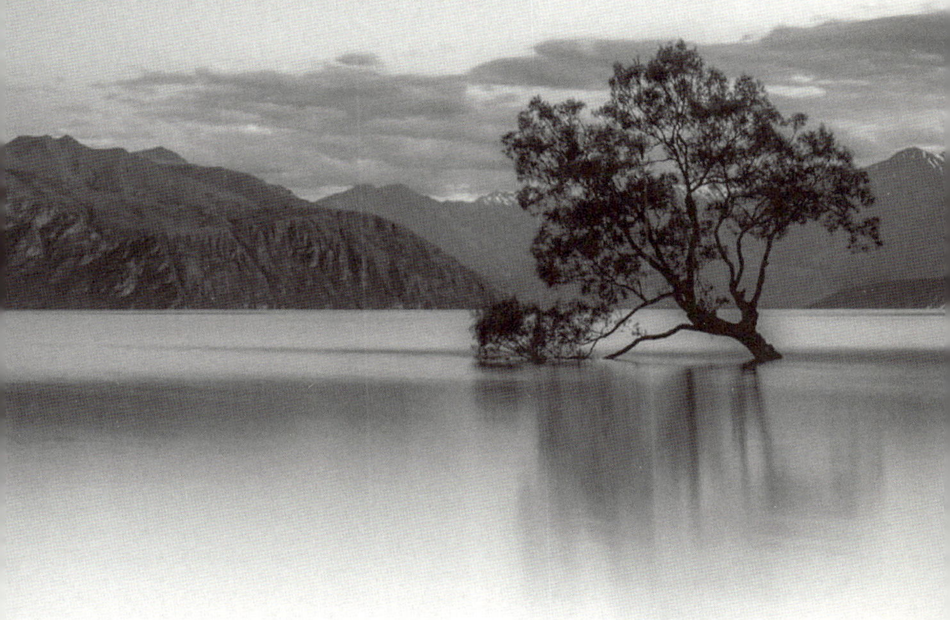

Self Effort :
Or the Ture Method of
Attaining Success in Life

하늘아래

들어가며 ▮

우리에게 소중한 생명이 있는 이상, 우리는 성공하고 행복해야할 권리가 있다. 이것이야말로 인생의 진정한 목적이며 세상에서 가장 소중한, 스스로에 대한 신성한 의무이다.

그러나 성공과 행복은 주어진 혜택도, 그리고 그 혜택에서 오는 우월감도 아니다.

우리는 처음부터 자신만이 가질 수 있는 독특한 재능과 꼭 해야 할 사명을 가지고 태어났다. 말하자면, 모든 이들이 동일한 시간과 공간 속에서 비슷한 방식으로 살아도 각기 다른 운명의 길을 걷게 되는 것이다. 이것을 무시하고서는 결코 자신만의 성공과 행복을 누릴 수 없다.

성공은 오직 자신만의 재능으로 자기 식의 운명을 개척하는 일이며, 그러기 위해서는 익히고 배우며 땀흘리는 과정이 반드시 필요하다. 따라서 다른 사람이 독특하게 일군 분야를 그대로 모방하고 답습하려 한다거나, 다른 사람이 자기만의 개성과 취향을 따라 느끼는 기쁨을 마냥 부러워한다는 것은 매우 불행한 일이다.

성공은 더 많이, 더 높이 오르는 것이 아니다. 자신의 현실과 타고난 재능을 냉철하게 평가하고 '이 정도면 괜찮다, 이 정도라면 내 실력으로 해낼 수 있다.'라는 확신을 가지고 목표점으로 달려가는 것, 그것이 바로 진정한 성공이 아니겠는가.

삶의 즐거움은 현재의 처지를 기쁘게 받아들이고 더 큰 즐거움을 향해 앞으로 나아가는 것에서 비롯된다. 그러려면 무엇보다 자신의 신념에 의지하여 노력하지 않으면 안 된다.

이는 간단하지만 실천하기는 힘든 인생의 지혜이자, 누구도 거역할 수 없는 자연의 법칙이다.

옮긴이

차례

들어가며 • 5

1장_ 늦지 않았다, 지금 시작하라

성공의 가능성을 열어라 • 13
노력에서 얻는 놀라운 능력 • 26

2장_ 일은 최대한 즐겁게 하라

피할 수 없는 일이라면 즐겁게 하라 • 39
성공을 만드는 조건들 • 47
행동만이 좋은 일을 만든다 • 60
확고한 신념이 주는 놀라운 힘 • 69
재능은 노력할 때 더욱 빛난다 • 79

3장_ 자신에 대한 확신으로 성공을 예감하라

결단은 성공의 조건이다 • 93
세상의 주인은 나 자신이다 • 114

4장_ 성공은 뿌린 대로 거두는 자연의 철칙이다

자기 계발은 필생의 사업이다 • 127
자신을 향상시키는 방법 • 142
행복은 마음의 그릇에만 담을 수 있다 • 151

5장_ 흐르는 시간을 역이용하라

시간은 무한정 기다려 주지 않는다 • 163
시간을 두 배로 늘려 두 배의 인생을 산다 • 174
행복을 만드는 습관은 좋은 생각에서 비롯된다 • 184

6장_ 인격은 제2의 자신이다

삶을 윤택하게 해주는 무형의 힘 • 199
인격이야말로 성공을 위한 중요한 비결이다 • 211
불행과 행복은 자신의 마음속에서 싹튼다 • 223
젊음은 언제나 마음의 왕국에 두어라 • 232

1장

늦지 않았다, 지금 시작하라

당신이 원하는 것을 얻을 수 있다고 믿어라.
그것이 합리적인 것이기만 하면 반드시 얻게 된다.

– 에밀 쿠에, 《자기암시》 중에서

성공의 가능성을 열어라

인생의 밝은 부분을 바라보는 사람들은 성공할 가능성이 높은 사람들이다.

그들은 목표하는 지위나 명예, 행운 등이 눈앞에 펼쳐져 있으리라는 기대를 가짐으로써 마음속의 절망, 고난, 불행 등의 어두운 상념을 떨쳐낸다.

아직 젊다면 인생이란 전쟁터에 뛰어들어라. 의기양양하게 삶의 현장 속으로 들어가 처음의 뜻을 관철시킬 수만 있다면, 설혹 일찍 지위나 명예 따위가 주어지지 않는다 해도 얼마든지 성공적인 인생을 보낼 수 있다.

그러나 젊은이들 주위에는 수많은 방해 요소들이 있다. 사치와 유흥, 하루 빨리 모든 것을 성취하려는 조급한 욕망 등이 그것이다.

그러나 치열한 삶의 현장에는 피할 수 없는 법칙, 즉 부단히 배우고 인내하지 않으면 성공하지 못한다는 엄격한 법칙이 있다. 이 법칙을 받아들이는 자는 행복을 얻고 그렇지 못한 사람은 낙오된다. 이것은 어디서나 변함없는 진리이다.

지금까지 수많은 청년들이 이 법칙을 무시한 채 높은 지위나 부귀, 명예를 구하려다 좌절하기도 했다. 그들은 경험과 인내심이 없었을 뿐더러 젊은이 특유의 성급함으로 인해 절망, 불행, 고난의 구덩이에 빠져들었다. 이들은 대부분, 성공이란 노력과 인내 그리고 불굴의 용기를 필요로 한다는 것을 모르는 사람들이다. 그들은 성공한 사람들의 피나는 노력은 염두에 두지 않고 어떻게 한걸음에 그 자리로 뛰어오를 수 있을까만 궁리한다.

젊은이는 스스로가 성공에 필요한 모든 능력을 지녔다고 쉽게 착각한다. 하지만 오랜 시간이 지나 그때를 돌아보면 자신이 얼마나 무지했는지, 얼마나 많은 과오를 범했는지 깨닫게 된다.

물론 아주 젊은 나이에 위대한 일을 한 사람도 있다.

알렉산더 대왕은 서른 살에 인도를 정복했고 나폴레옹도 스물여섯 살이라는 약관의 나이에 이탈리아 원정에 성공했다. 라파엘로, 모차르트, 바이런, 뉴턴 등도 성인이 된 지 얼마 되지 않아 명성을 얻었고, 피트는 스물여섯 살이라는 경이로운 나이에 영국 수상의 자리에 올랐다. 이밖에 미술, 문학, 과학, 정치 등 여러 분야에서도 뛰어난 젊은이들을 많이 찾아볼 수 있다.

그러나 문제는, 많은 젊은이들이 스스로를 이들 성공자들에 버금가는 비범한 두뇌나 선천적인 재능의 소유자라고 생각해버리는 데 있다. 또한 과거의 누군가가 할 수 있었던 일이라면 자신도 할 수 있다고 생각한다.

그들은 피나는 노력과 실패에 대한 혹독한 경험 없이는 아무것도 얻을 수 없다는 철두철미한 자연의 법칙을 미처 깨닫지 못하고 있기 때문이다.

자신을 냉정하게 평가하라

하지만 아무리 노력을 거듭하고 치밀한 계획을 세웠어도 목표에 도달하지 못하는 경우가 종종 있다.

그런 경우 자신의 목표가 지나치게 높게 설정되어 있지 않은가 생각해 보자. 보통 우리는 인생에서 대개 한두 가지 정도에서는 성공을 거둔다. 이 경우는 자신의 능력에 맞게 목표를 설정했기 때문이다. 따라서 과거에 한두 가지를 성공했다면 미래에도 다른 한두 가지쯤은 더 성공할 가능성이 높다.

유명한 프랑스의 외인부대는 전원이 언제라도 지휘관으로 발탁될 것을 대비해 지휘관의 상징인 지휘봉을 갖추고 있었다고 한다. 그러나 사실 병사가 지휘관이 되는 것은 1백분의 1 정도의 가능성밖에 없다. 다만 그들이 전원 지휘봉을 소지했던 것은 사전에 스스로를 점검하고 판단하기 위해서였다.

그것은 일상에서도 마찬가지다. 무명의 젊은이가 단번에 재판관이나 상원의원이 된 예도 종종 있긴 하지만, 그들의 과거를 세세하게 살펴보면 그 이면에 많은 시행착오가 있었다는 것을 알 수 있다. 그들은 그 시행착오를 통해 자신의 능력을 판단한 뒤 그 능력을 목표에 집중했다.

그러나 비현실적인 일, 실현 불가능한 일에 골몰하는 것은 어리석은 짓이다. 현실 도피는 게으르고 나약한 인간들의 유희이며, 실현 가능한 것도 불가능한 것으로 만들어 버린다. 실제로 '허무의 거울에 입맞춤하는 자가 되돌려 받는 것은 거울에 비친 축복 뿐'이라고 셰익스피어는 말한다. 따라서 진정 지혜로운 자는 손 닿는 범위 안의 실현 가능한 목표를 설정한 후 그것을 향해서 끈기 있게 노력하며, 기회는 바로 이런 사람에게 찾아온다.

브셴 남작은 이렇게 말한다.

"의지에 노력과 끈기가 더해지면 어떠한 것도 얻을 수 있다."

또 에디슨은 자신의 저서 《스펙테이터》에서 사회에 진출하려는 젊은이들에게 다음과 같이 좌표를 제시했다.

"인생에서 성공을 손에 넣으려면 인내를 마음속의 친구로, 경험을 현명한 상담 상대로, 깊은 마음을 형으로, 희망을 재능 있는 보호자로 선택해야 한다."

타인에 대한 깊은 사랑과 따뜻한 배려로 인생을 산 파우엘 경도 스스로의 인생을 예로 들면서 이렇게 말한다.

"해를 거듭함에 따라 나는 힘없는 사람과 힘에 넘치는 인간, 위대한 인물과 평범한 인간 사이에는 생각을 집중하는 힘과 목표를 향해 나아가는 집념의 정도에 차이가 있다는 것을 깨달았다. 집중과 집념만 있다면 무서울 것이 없다. 그러나 이것이 없는 사람은 아무리 재능있고 윤택한 환경 속에 있더라도 단지 두 다리로 서 있는 생물에 지나지 않는다."

마음 가는 대로 하라

파우엘 경은 어느 젊은 청년에게 이런 글을 남겼다.

젊은 시절에는 마음 가는 대로 행동하는 것이 좋을 때도 있다. 나는 스물네 살에 학교를 졸업했다. 비록 공부는 열심히 했지만 막상 아무것도 배운 것이 없다는 자각이 들었다. 나는 학교를 그만두고 1년 동안 고향에 내려가 낚시나 사냥으로 소일했다. 그러다가 사냥에서 돌아온 어느 날, 대학에 가겠다고 결심했다. 그리고 즉시 그 결심을 행동에 옮겼다.

우선 목적 없는 독서를 그만두었다. 소설과 신문을 손에서 놓았고 사냥도 그만두었다.

아일랜드에 있는 큰 수렵장도 5년 동안 단 두 번 갔을 뿐이었다. 내게는 그만큼 한 시간 한 시간이 중요했다. 나는 이미 대학을 간 친구들에게 뒤지지 않기 위해 부단히 노력했고 그러기 위해 나 자신을 개조했다.

결국 나는 놀기 좋아하고 게으르고 쓸모 없는 잡지나 읽던 태만한 청년에서, 강한 의지를 가진 굳건한 청년으로 변신했다. 또한 친구들에게 뒤처진 것들을 만회하려고 부단히 애를 쓰는 과정에서 어렵고 불가능해 보이던 일들도 노력으로 해결할 수 있다는 사실을 알게 되었다. 그리고 결국 목표했던 대학에 합격했다.

여러분의 인생 또한 여러분의 노력 여하에 달려 있다.

신중한 판단과 정력적인 노력이 뒤따른다면 여러분도 자신의 결심을 실현시킴으로써 자부심을 가지게 될 것이다.

파우엘 경은 그 밖에도 다음과 같은 명언들을 남겼다.

"대부분의 사람들이 할 수 있는 것을 할 수 없다고 생각한다. 그 점이 '할 수 있는 인간'과 '할 수 없는 인간'의 근본적인 차이이다."

"판단력이 둔한 사람은 외눈을 가진 말이 밤길을 달리는 것과 같다."

"인간은 해야 할 일이 많을수록 많은 일을 해낸다."

"이론보다 앞서는 것은 행동이다."

"태만에는 두 종류가 있다. 하나는 아무것도 하지 않는 것이며 또 하나는 무엇인가 하고 있는 듯 보이지만 결과적으로 아무것도 하지 않는 것이다."

"노력도 중요하되 올바른 방향으로 향하지 않는 이상 아무 의미가 없다."

"주색잡기의 명인과 케임브리지 대학의 수석 졸업생도 각각 노력의 양은 같을지 모른다."

"자질은 누구에게나 주어지는 것이 아니다. 그러나 주어진 자질을 계발하는 것은 누구나 할 수 있다."

대부분의 사람들이
할 수 있는 것을
할 수 없다고 생각한다.

그 점이 '할 수 있는 인간'과
'할 수 없는 인간'의
근본적인 차이이다.

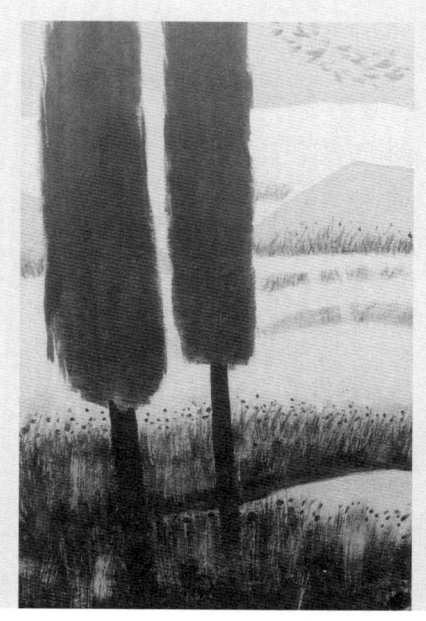

"재능있는 인물들 중에 그 재능을 행동에 옮길 힘이 없어 목표를 성취하지 못했다는 애기는 한번도 들어본 적이 없다."
"불굴의 정신, 의지 등은 하루하루를 추진시키는 원동력이다."
"쉽게 좌절하고 폭풍우에 굴복하는 사람은 많은 일을 이룰 수 없다. 그러나 의지 있는 사람은 우선 실패할 일은 없다."
"자신이 확고한 신념을 가진 사람이라는 사실을 어떻게 세상에 알릴지를 가장 먼저 연구하라."
"할 수 있다고 판단되면 반드시 실천한다. 일단 마음을 정하면 흔들리지 않는다. 그리고 그것을 평생 지켜 나간다."

파우엘 경은 이 같은 말들을 철저히 실천한 사람이다. 만일 당신이 사소한 몇 가지 실패로 인해 좌절감에 빠져 있다면 한 번쯤 그의 가르침을 음미해 보는 것도 좋을 것이다.

신은 이미 나에게 딱맞는 성공을 예비해 두었다

아무리 인내와 불굴의 용기가 있더라도 누구나 셰익스피어나 뉴턴처럼 유명해질 수는 없는 일이다. 천재는 노력과 동시에 그에 걸맞는 비범한 재능과 자질을 갖춘 사람이기 때문이다.

"천재란 끊임없이 노력하는 사람이다."라고 조슈어 레이놀즈 경은 말했다. 그러나 그것은 천재의 정의가 아닌 공통되는 성질, 즉 타고난 기질과 재능에 꾸준한 노력을 덧붙여 목표를 이루는 과정을 가리키는 것이다.

예술적 자질, 지적 능력, 정신력 등은 체력, 지구력, 용기 등과 같이 사람마다 각각 다른 형식으로 부여된다. 물론 강인한 체력과 단단한 육체는 멋진 조건이다. 그러나 체력이 약한 사람이 강인한 육체와 순발력을 필요로 하는 체조 선수를 흉내내는 것은 어리석은 짓이 아니겠는가.

인간에게는 각각 하늘로부터 부여된 타고난 재질이 있다.

오스트리아의 음악가 하이든은 스스로를 '천재적인 재능을 소유한 문필가'라고 칭한 한 작가에게 이렇게 말했다.

자신이 천재인가 아닌가 하는 것은 대단한 문제가 아니다. 타고난 것을 가지고 자신의 길을 묵묵히 걸어가기만 하면 되는 것이다. 그렇게 해서 도달한 곳은 바로 신이 내게 부여한 최선의 자리이다. 아무리 고민해도 그 이상의 것은 얻을 수 없다.

그 사람의 그릇이 크다면 큰 일을 부여받을 것이며, 그릇이 작다면 작은 일을 부여받을 것이다. 여기서 한 가지 확실한 것이 있다. 어쨌든 자신에게 주어진 일에 만족하라는 것이다. 그래야만 자신에게 어울리는 좋은 결과를 얻을 수 있다. 너무 큰 것을 바라고 초조해하면 결국 실패하기 마련이다.

롱펠로도 비슷한 말을 하고 있다.
"성공은 자신이 충분히 해낼 수 있는 일을 하는 것이다. 여기에 남들이 어떻게 생각할까를 신경써서는 안 된다."
따라서 세상의 천재들과 똑같은 크기의 성공을 거두려는 욕심은 버려야 한다. 그저 자신을 확실히 파악하고 도달할 수 있는 성공의 범위를 정하고 자신에게 부여된 자질을 살린다면 적어도 패배자는 되지 않는다.

간혹 약삭빠르고 잔재주 있는 사람들이 성공하는 것처럼 보일 때가 있으나 그것은 일시적인 성공일 뿐 곧 감당하기 힘든 좌절이 다가온다. 반대로 아무런 능력도 재능도 없는 사람이 인내와 노력으로 약삭빠른 사람을 앞지르기도 한다.

"이 세상에는, 힘과 재능이 부족해도 열심히 노력하면 적절한 보상을 받는다는, 진실로 기뻐할 만한 법칙이 있다."고 아놀드 토인비 박사는 말한다.

자신이 할 바를 알고 묵묵히 이를 실천하는 사람이 결국 적절한 보상을 받는다는 것은 어느 시대를 막론하고 불변하는 법칙이다.

행복에 이르는 확실한 방법

선천적으로 타고난 재능이나 부모로부터 물려받은 재산이 없더라도 정신적인 성공만은 누구나 이룰 수 있다. 그리고 이 정신적인 성공은 재산이나 권력보다 훨씬 중요한 것이다. 사실 돈과 권력은 천박한 사람조차 손에 넣을 수 있는 것이 아닌가.

실패와 성공, 절망과 희망의 파란만장한 인생을 보낸 프랑스의 입센 후작 부인은 다음과 같이 말하고 있다.

"그때 그때를 오로지 즐겁게 살려고 노력하는 것보다는 즐겁든 그렇지 않든 자신의 현실을 최대한 인정하고 거기에서 행복을 이끌어내는 것이 중요하다."

그리고 그녀는 이렇게 결론짓고 있다.

"모든 인간은 즐거움만을 바라지만 실상 우리들 인생은 즐겁기도 하고 괴롭기도 하다. 또 슬프기도 하고 기쁘기도 하다. 즐겁고, 괴롭고, 슬프고, 기쁜 일이 번갈아 일어나면서 정해진 끝을 향해 가는 것이 인생이다. 인생의 목표가 있다면 그것을 지금 당장 얻으려 과욕을 부리지 말고 슬프고도 기쁜, 즐거우면서도 괴로운 인생길을 진지하게 음미하면서 그곳을 차분히 응시하라. 그리하면 자신도 모르는 사이에 노력을 하게 된다. 그리고 그 노력을 통해 얻은 결과야말로 인생의 진정한 행복이며 정신적 성공이다."

또한 일상에서의 자잘한 기쁨보다는 큰 기쁨에 도달하기 위해 노력함으로써 얻게 되는 정신적인 행복이야말로 인생을 보다 높은 곳, 이상에 가까운 곳으로 끌어올리는 원동력이 된다. 인간의 위대함에 대하여 정의하고, 누구나 소망하는 인생의 궁극적 행복에 이르는 적절한 방법을 설명했던 로마의 철학자 세네카는 다음과 같이 단호하게 말했다.

"진실로 위대한 인간은, 강한 결단력으로 정의의 길을 선택하여 외부의 유혹과 내부의 감정에 결코 동요됨이 없이, 진실과 노력과 신이 부여한 사명을 사랑하는 이다. 어떤 상황에서든지 자신의 운명에 순응하고 합당한 노력을 다한다면 누구나 행복한 인생을 보낼 수 있다."

노력에서 얻는
놀라운 능력

　노력하면 무엇이든 얻을 수 있었던 희망의 신대륙 미국에는, 어려움을 극복하고 행복해진 사람들이 수없이 많다. 아브라함 링컨도 그 중의 한 사람이다.

　가난한 집에서 태어난 링컨은 여덟 살이 될 때까지 아버지의 농장에서 일을 해야 했다. 그는 학교를 못간 것은 물론이고 무언가를 배울 수 있는 기회조차 전혀 없었다. 그래서 그는 집에서 몇 킬로미터나 떨어진 곳의 농부들로부터 책을 빌려 시간을 아껴가며 독서를 했다.

　어린 링컨은 자신의 불우한 환경을 탓하지 않고 성실한 자세로 일관했다. 그는 일찍부터 주위 사람들의 칭찬을 한 몸에 받았지만 우쭐해하지 않고 자신의 주어진 일에 최선을 다했다.

그는 어린아이의 몫인 가축을 돌보는 간단한 일에서부터 톱질과 대패질 등의 복잡한 목공일까지 무엇하나 소홀히 하지 않았다. 또한 좀더 자라서는 대형 수송선을 맡아 미시시피 강을 따라 오하이오 주까지 3천 킬로미터나 운항하기도 했다.

그 후 링컨은 그간 틈틈이 읽은 책을 통해 공부한 결과 당당하게 학교 교사가 되었다. 또한 교사에 안주하지 않고 법률 공부를 계속했다. 결국 그는 서른 살이 채 되기 전 고향의 주 의회 의원에, 마흔 살이 되기 전에 중앙의회에 진출하였고 마침내는 미국의 대통령이 되었다.

세상에서 믿을 것은 자신뿐이다

링컨처럼 최악의 환경에서 성공한 또 한 사람으로, 제 20대 미국 대통령 제임스 가필드가 있다.

가필드는 클리브랜드에서 조금 떨어진 통나무집에서 태어났다. 그는 불행하게도 어린 나이에 아버지를 잃었고 어린 그가 기댈 사람은 어머니뿐이었다. 그의 어머니는 비탄에 젖었지만 희망을 버리지 않았다.

가필드는 스무 살이 될 때까지 어린 동생들과 힘을 합쳐 열심히 농사를 지으며 가난과 싸워 나갔다. 그리고 일을 하면서도 한편으로는 닥치는 대로 책을 읽고 1년에 몇 주간이나마 학교에도 나갔다. 후에 미국 대통령에 당선된 그는, 저격을 받고 사망하기 직전, 고단했던 자신의 과거를 다음과 같이 담담히 회상했다.

젊은이들에게 간곡하게 당부할 말이 있다. 기다리기만 하면 아무것도 오지 않는다는 것이다. 높은 산 정상에 서서 아래를 내려다보고 싶다면 직접 산을 오르는 수밖에 없다.
자신의 힘으로 얻어낸 것이 아니면 그 무엇도 가치가 없다. 피와 땀으로 얻은 것만이 완벽하게 자신의 일부가 되는 것이다.
가난 따위에 패배하지 말라. 물론 가난은 즐거운 것이 아니다. 그러나 피할 수 없다면 적극적으로 이에 맞서라. 이 소중한 경험은 후에 도움이 될 것이다.
당신이 끝없는 가능성을 가진 사람이라면 남의 지시를 기다리지 말라. 당신은 지시를 하는 쪽에 서 있어야만 한다.
군인으로서 청운의 꿈을 이루기 위해 군대에 자원 입대했다면 사병보다는 장교가 되어라. 생계를 위해 회사에 입사했다면 고용되는 쪽에 만족하지 말고 고용하는 자가 되도록 노력하라. 이것이 진정한 자존심이며 올바른 자기 처세이다.

머릿속으로 가능성을 타진하며 주저하기보다는 할 수 있는 것을 찾아 그 즉시 실행하라. 마음만 먹으면 당나귀에게 화물열차를 끌게 할 수도 있을 것이다. 섣불리 판단하고 포기하면 할 수 있는 일도 불가능한 것처럼 보이게 된다.
맡은 일에서 최고가 되라. 그리고 그 일을 통해 하늘이 내린 사명을 완수하라.

가필드는 언제 어떠한 때라도 자신의 힘을 믿었다. '할 수 있다'는 그의 입버릇이었으며 그는 그 '할 수 있다'는 생각을 통해 수많은 어려움과 고난을 이겨냈다.

당당하고 자신있는 행동

가필드는 어린 시절부터 힘든 일을 익히며 가난을 피하지 않고 당당하게 받아들였다. 또한 열심히 어머니를 돕는 한편 학업에 대한 열정을 잃지 않았다. 시간이 나면 독서에 몰두하고 자신이 좋아하는 수학 문제를 풀었다. 그러나 그는 자존심이 강해, 일하던 공장에서 또래의 사장 딸에게 '노예'라는 말을 듣고 그곳을 그만두었다.
그는 그때를 이렇게 회상했다.

그 아이의 모욕적인 한 마디는 정말 견디기 어려웠습니다. 나는 그날 밤 분해서 잠을 이루지 못했습니다. 그리고 천장을 바라보면서 몇 번이고 맹세했습니다. 반드시 힘있는 사람이 되어서 그 모욕을 되돌려 주겠노라고. 그러나 사실 그 말 한 마디는 나를 분발케 하는 힘이 되었던 것입니다.

그때부터 가필드의 삶은 새로운 전환점을 맞았다. '노예'라는 모독은 그에게 각성제가 되었다. 그는 '노예' 상태에서 벗어나기 위해 정열을 다해 일을 하면서 손에서 책을 놓지 않았다. 그는 금방 두각을 나타냈고 많은 사람들이 그의 진실된 모습에 감동하여 도움의 손길을 뻗어왔다. 결국 가필드는 그들의 도움으로 바라던 대학에 입학했다. 여전히 생활은 어려웠지만 그는 언제나 희망에 넘쳤고 성적도 상위권이었다.

1857년 가필드는 유리엄즈 대학을 수석으로 졸업했다. 당시 가필드를 가르쳤던 한 교수는 그에 대해 이렇게 말하고 있다.

가필드는 불굴의 용기를 지닌 고결한 인격의 소유자였다. 그는 거짓말과 비열한 행동을 하지 않았고, 진실로 당당하고 강직했다.

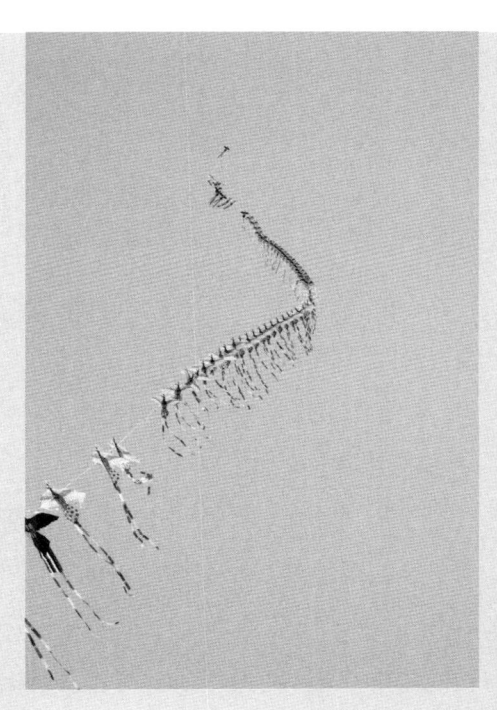

설령 오해를 받거나 몸이 만신창이가 된다 해도
신념에 따라서 행동한다는 것입니다.

가필드의 학창 생활은 순수하면서도 힘이 넘쳤다. 그는 그 생활과 타고난 인품을 발판으로 해서 자신의 목표를 달성했다.

또한 졸업을 하고 사회생활을 하면서도 자신과 모두의 행복을 염두에 두고 용기와 결단력을 발휘했다.

우수한 성적으로 유리엄즈 대학을 졸업한 가필드는 곧바로 하일람 대학의 고대언어 및 고대문학 교수로 초청되었고 2년 후에 학장이 되었다. 11년 동안 고난에 고난을 거듭하여 마침내 위대한 학자가 된 것이다.

하일람 대학에 출강한 가필드는 배우려는 정열 못지 않게 학생들을 성실하게 가르쳤다. 가필드의 가르침을 받은 학생들은 그 후 사회 각계 각층의 요직에 앉았다. 그리고 그들은 하나같이 가필드의 가르침을 잊지 못했다. 가필드는 언제나 열의에 찬 수업을 진행했을 뿐만 아니라 자신이 겪은 세월과 그곳에 담겨진 인생의 교훈을 학생들에게 전달하고자 애를 썼다. 전공 분야를 가르침과 동시에 예의, 신뢰, 배려 등 성공과 행복의 기본 요소를 학생들의 가슴 속 깊이 심어주었던 것이다.

나 자신으로부터 신뢰를 받아라

가필드는 학문뿐만이 아니라 사회 정의에 대해서도 관심을 기울였다. 그때 미국은 인간의 존엄에 기초한 민주주의와 반대되는 노예제의 모순에 휩싸여 있었다. 그리고 이 모순을 해결하려면 정치에 뛰어들 수밖에 없었다. 그는 주 의원 입후보 요청을 흔쾌히 받아들였고 많은 사람들의 지지를 얻어 오하이오 주 의원에 당선되었다.

주 의원이 된 1년 후인 1861년, 링컨 대통령의 노예제 폐지 선언에 반대해 남부군 측이 공격을 가해왔고 이어서 남북전쟁이 발발했다. 링컨 대통령은 각 주에 군대 소집 명령을 내렸다.

이에 가필드는 "오하이오 주는 2만 명의 병사와 3백 달러를 준비하겠습니다."고 주 정부에 통보하고 자신도 입대하여 전투에 참가했다. 실제로 자유와 인간성을 담보로 한 이 전쟁에서 가필드 만큼 투철한 정의감으로 분투한 사람은 없다. 가필드는 중위에서 대위, 준장, 소장으로 승진했고 3년을 군인으로 보낸 뒤 예편하여 미국 주 의회 의원에 당선되었다. 그리고 얼마 후 자타가 공인하는 하원의 지도자가 되었고 이어 대통령에 출마했다.

유세차 오하이오 주를 방문한 가필드는 이렇게 연설했다.

나는 주 의원이 된 지 꽤 되었지만 한 가지 신념만은 잊지 않았습니다. 설령 오해를 받거나 몸이 만신창이가 된다 해도 신념에 따라서 행동한다는 것입니다. 나는 오랫동안 여러분의 신뢰를 기대해 왔습니다. 그러나 지금 신뢰받고 싶은 사람이 또 한 사람 있습니다. 그는 가필드, 바로 내 자신입니다. 잘 때나 식사 때나 생활할 때나 죽을 때조차 나는 이 이름과 떨어질 수 없습니다. 따라서 나는 그에게조차 신뢰받지 않으면 안 되는 것입니다.

가필드는 1880년 대통령에 선출되었고 흉탄에 쓰러지기까지의 짧은 재직 기간 동안 신념을 지키기 위해 전력을 다했다.

노력하여 얻은 성공이 진정한 성공이다

끈기와 노력으로 불세출의 영웅이 된 제임스 가필드의 일생은 불우한 환경에 있는 사람들에게 큰 용기가 된다.

가필드의 인생 철학은 '눈앞의 일을 열심히 한다'였다. 그러나 그는 미래 또한 중요하다는 사실을 알고 있었다. 또한 자신의 힘을 중요하게 여겼다. 그가 남긴 말들은 우리를 성공으로 인도하는 표지판과 같다.

"행여 아무 일도 하지 않으면서 어느 날 갑자기 행운이 찾아오기를 바란 적이 있는가. 그것은 정말 어리석은 생각이다. 행운이라는 것은 자신이 만들지 않는 한 저절로 다가오지 않는다."

"나는 어른보다 어린이에게 경의를 표하고 싶다. 저 작은 머릿속에 얼마나 큰 가능성이 들어 있을까를 생각하기 때문이다."

"대학을 우수한 성적으로 졸업한 '지식인'임에도 사회 상식이나 생활 능력이 없는 사람을 볼 때 슬픔을 주체할 수 없다."

"운은 실력을 갖춘 사람에게만 다가오는 것이다. 늘상 운을 기다리기만 하면 조바심만 늘 뿐 성공으로 나아갈 수 없다."

2장

일은 최대한 즐겁게 하라

해야 할 일을 늘 쉽다고 생각하라.
마음속으로 필요한 이상의 힘을 쏟지 말라.
어렵다고 생각하면 필요한 것의
열 배, 스무 배의 힘이 들어간다.
이것은 낭비이다.

- 에밀 쿠에, 《자기암시》 중에서

피할 수 없는 일이라면
즐겁게 하라

　자신의 일을 기쁘게 받아들이고 거기서 즐거움을 얻는다면 삶 전체에서도 기쁨과 만족을 찾게 된다. 따라서 즐거운 인생을 보내려면 반드시 자신의 일에서 성공해야 한다.
　독일의 시인이었던 마티우스 크라우디우스는 이렇게 말했다.
　"인간은 '행복'을 위해 일을 한다. 일을 하는 것은 돈을 벌기 위해서이지만 궁극적으로 돈을 번다는 것은 '행복'하려는 욕망에서 기인한다. 건전한 욕망은 여러 가지로 유익하다. 이 욕망을 이루기 위해 일을 하게 되고, 일을 하게 되면 머리와 손발의 움직임이 기민해진다. 또한 그 일이 남에게 도움이 된다는 의식은 자부심으로 연결된다. 또한 그 일에서 성공을 이루었다면 기대가 실현되었다는 기쁨에 더욱 충만해진다."

 무슨 일이든 전력을 다하지 않으면 충만한 기쁨을 느낄 수 없고, 좋은 결과를 기대해서도 안 된다. 또한 결과가 미약할 때, 행복에 대한 건전한 욕망은 세상을 향한 저주로 바뀐다.
 제임스 헤밀톤 박사는 학생들에게 이런 연설을 했다.

 만일 그대가 해변에 가 보았다면 파도치는 모래사장에 이름 없는 식물들이 흐느적거리는 긴 줄기를 뻗치고 있는 것은 본 적이 있을 것이다.
 이들의 생활은 매우 단조롭다. 몇 년 몇 개월이고 같은 모래사장에 뿌리를 내리고 물이 차면 줄기를 뻗친다. 그러다가 다시 물이 빠지면 줄기를 눕혀 생명을 연장한다.
 만약 여러분이 그런 식물이라면 어떨까. 비참한 생각이 들지 않을까. 목숨을 부지하기 위해 먹고 자는 일 외에는 아무것도 할 수 없는 그 생활을 견딜 수 있을까.
 그렇다면 지금 여러분들은 해변에서 흐느적거리기만 하는 식물보다 나은 삶을 살고 있다고 자신 있게 말할 수 있는가. 혹시 여러분들은 변화무쌍한 일들이 수없이 벌어지는 스스로의 삶을, 단지 물이 들어왔다가 빠질 뿐인 해변으로 착각하고 있지는 않은가. 하루하루를 덧없이 보내고 문득 생각해 보니 발전한 것이 없어 가슴만 치고 있는 것은 아닌가.

실력이 있어야 행운을 잡는다

우리 모두는 좋든 싫든 일을 할 수밖에 없다. 그렇지 않으면 살아갈 수 없기 때문이다. 그리고 성실한 노력가라면 반드시 성공을 거두어 쾌적하고 즐거운 삶을 살게 된다. 그의 노후는 평화로우며 죽는 순간까지 안락함을 누린다.

반면, 같은 일을 하더라도 불성실한 사람은 타인의 성공을 곁눈질하며 자신의 처지를 비관할 뿐 성공과 행복의 방법을 애써 찾으려 하지 않는다. 그는 다른 이들이 자신보다 좋은 조건이나 환경의 혜택을 입고 있다고 여기며 자신의 운 없음을 한탄한다. 그리곤 실패와 불행의 늪으로 잠겨 들어가게 된다.

그러나 거듭 강조하지만, 성공은 '운'이 아니라 '노력과 성실함'에 의해 결정된다.

셰익스피어는 《줄리어스 시저》에서 다음과 같이 말하고 있다.

"대개 인간이 하는 일에는 '적당한 때'가 있다. 그것은 마치 규칙적으로 반복되는 밀물과 썰물 같은 것인데, 한번 그

밀물에 올라가면 행운을 잡을 수 있지만 올라타지 못하면 갯벌에 빠진 채 움직일 수 없게 된다."

하지만 '밀물'은 단순히 '올라타는' 것이 아니라 '스스로 만드는 것'이다.

나폴레옹도 비슷한 말을 했다.

"기다리다 보면 어느 순간 행운이란 놈이 문 앞에서 기웃거릴 때가 있다. 그러나 그것을 움켜잡을 실력을 쌓지 못했다면 그 행운은 자기 것이 아니다."

행운을 잡았다면 더욱 더 분발하라

미국 뉴욕박물관 관장 P.T. 버남은 이렇다 할 재산이나 신용도 없었지만 그 열의에 감동한 사람들로부터 거액의 투자를 받아 박물관을 구입했다. 물론 그것은 투자를 받은 사람에게나 투자를 한 사람에게나 일종의 도박이었다. 그리고 버남은 이 행운을 움켜줄 만한 실력이 갖추어져 있었다. 그는 시간을 절약해 부지런히 생각하고 그 생각을 실천하면서 실력을 쌓았다. 그러면서도 그것을 내세우기는커녕 언제나 묵묵했다. 그가 기쁨이나 여타 감정을 표현한 것은 첫 투자자가 나서 사업 계약이 성사되었을 때 잠깐뿐이었다.

"아내는 계약이 성사되었다는 것을 기뻐하며 '필요하다면 생활비를 절약하겠다'고 말해 주었습니다. 하지만 평소에 절약을 해온 이상 새삼스럽게 절약을 강조할 필요는 없지 않습니까. 이것은 마치 작은 일이 성사되었다고 호들갑을 떠는 것과 같습니다. 원하기 때문에 이루어야 하고 이룩한 뒤에도 원해야 한다면 굳이 평소의 생각과 행동을 강조할 필요는 없는 겁니다. 다만 더 침착하게 분발할 뿐이지요."

버남이 박물관 경영에 나선 지 반 년 정도 지났을 때였다.

그의 친구가 잠시 그곳을 찾았다가 매표소에서 저녁 식사를 하고 있는 버남을 발견했다. 그는 아침에 집에서 가져 온 샌드위치를 먹고 있었다. 친구가 물었다.

"언제나 그렇게 식사를 하나?"

"그렇다네. 박물관을 운영하면서부터 휴일 외에는 따뜻한 저녁 식사를 먹지 못하고 있네. 꾼 돈을 다 갚기 전에는 이 생활을 계속할 것이네."

그 말을 들은 친구는 버남의 어깨에 손을 얹으며 이렇게 말했다.

"그렇다면 걱정 없네. 1년 안에 다 갚을 수 있어."

친구의 말은 적중했다. 버남은 그로부터 1년이 채 안돼 부채를 모두 갚고 박물관은 온전히 버남의 것이 되었다.

버남은 말한다.

"내가 만약 박물관을 인수했다는 기쁨에 겨워 절약하지 않았다면 언제까지나 빌린 돈을 갚을 수 없었을 것이다. 또한 매일매일 저녁식사를 위해 집에 돌아감으로써 귀중한 시간을 낭비했을 것이다. 어쨌든 지금 나는 내가 바라던 상황을 내 손으로 이룩했다."

훗날, 박물관을 찾아온 어느 노 교수가 성공 비결을 묻자 그는 다음과 같이 대답했다.

일단 자신이 좋아하는 일, 성격에 맞는 일을 선택해야 합니다. 내가 돈만을 바라는 장사꾼이었다면 성공하지 못했겠지요. 사실 과거에 몇 번 장사를 해보았지만 번번이 실패했습니다.

모름지기 일을 하려면 적절한 직업을 신중하게 선택하고 그 일에 온 힘을 다하는 것이 중요합니다. 이른 아침이든 늦은 저녁이든 필요하다면 일에 착수하되 지금 할 수 있는 일이라면 한 시간이라도 빨리 해야 합니다.

또한 힘을 분산시키지 않는 것도 중요합니다. 성공 아니면 실패라는 마음가짐으로 한 가지 일에 끈기있게 매달리는 것입니다. 또한 사치를 피하고 설령 조금일지라도 저축을 할 것이며, 수입의 범위 내에서 생활하도록 해야 합니다. 어려울 때를 대비하지 않고 들어오는 대로 써버리는 사람은 절대 자립할 수 없습니다. 남에게 기대지 않고 자신의 노력으로 이룩한 것만이 진정한 성공입니다. '자신의 집은 자신이 지어야 한다.'는 것처럼 말이지요. 그리고 가장 중요한 것은, 행운을 잡았을 때 더욱 더 분발해야 한다는 것입니다.

벤자민 프랭클린도 이런 말을 남겼다.
"부자가 되는 길은 시장에 가는 길처럼 단순하다. '노력'과 '절약'만 있으면 된다. 곧 시간과 돈을 헛되이 하지 않고 최대한 이용하라는 것이다. 이 두 가지를 염두에 두면 하지 못할 일이 없다."
"돈을 조금 모았다고 만족하지 말라. 얻은 돈을 잃지 않으려면 더욱 분발해야 한다."

부자가 되는 길은 시장에 가는 길처럼 단순하다.
'노력'과 '절약'만 있으면 된다.

곧 시간과 돈을 헛되이 하지 않고
최대한 이용하라는 것이다.

이 두 가지를 염두에 두면 하지 못할 일이 없다.

성공을 만드는
조건들

 성공한 사람들은 대부분 자신만의 특별한 비법, 자기경영의 독특한 신조가 있다.
 신시네티의 한 억만장자는 "계획한 일은 반드시 실행한다."와 "신용을 잃어서는 안 된다."는 것을 최고 신조로 삼고 있었고, 뉴욕의 어떤 재산가는 "하찮은 보리도 하루 한 알씩 절약하면 일 년 후에는 365개가 된다. 그러나 절약하지 않는 사람의 창고는 늘 비어 있다."를 자신의 좌우명으로 삼고 있었다.
 또 다른 자산가는 비즈니스 조언을 요청하자 "정의를 기준으로 행동하고 항상 성실할 것"이라고 대답했다.
 1850년대 뉴욕에서 제일 가는 갑부였던 A. 스튜어트는 "능력이 있어도 내용 있는 노력과 강한 인내력이 없으면 성공할 수 없다."고 말했다. 스튜어트는 항상 그의 자식들에게 이렇게 타일렀다고 한다.

"부자가 되는 것은 어느 정도 버는가가 아니라 어느 정도 소비하는가에서 결정된다. 그리고 어느 정도의 돈이 모아졌으면 그 이후에는 돈에 대한 투쟁을 해야 한다. 그러면 손에 쥔 재산은 달아나지 않는다."

스튜어트의 말은 하나도 그릇됨이 없다. 절약이 습관화되면 돈은 자연스럽게 모이기 마련이다.

일을 더 늘리지 말라

성공한 사람들의 대부분은 결단력을 높은 가치로 꼽는다.

"두 가지 중에 어떤 것을 할 것인가 헤매는 사람은 어느 쪽도 잘 할 수 없다. 또 모처럼 결심을 했는데도 주변 사람들의 사소한 반대 때문에 그 결심이 변한다면 그 역시 훌륭한 일을 할 수 없다. 그런 사람은 차라리 그냥 멈추어 서 있는 편이 낫다. 이를 무시하고 고집을 부린다면 대개는 뒷걸음질을 치고 만다."

제독 윌리엄즈 펜은 성공을 위한 중요한 요소로 판단력을 꼽은 뒤 다음과 같이 말했다.

"바쁘다는 핑계로 중요한 판단을 내리지 못하는 사람은 좋은 결과를 내지 못한다. 이것저것 할 일이 많아 판단을 내릴 시간마저 없다면, 일을 더 이상 늘리지 말고 차분하게 생각할 수 있는 여유를 가져야 한다."

조급해하지 말고 신중하게

모든 일에는 '적절한 한계'가 있다. 이 한계를 넘어 많은 것을 한꺼번에 하게 되면 판단이 흐려져 손해를 본다. 또한 이후 천천히 해도 좋을 일들에 나쁜 영향을 미친다.

일에는 급히 서둘러야 할 것과 그렇지 않은 것이 있다. 그런데 서서히 몰두해야 할 일 가운데는 적은 수고로 많은 수확을 거둘 수 있는 일들이 의외로 많다. 이런 일은 물불 안 가리는 사람보다는, 돌다리도 두드리며 건너는 신중한 사람에게 유리한 것이다. 그들은 성급하게 앞서간 사람의 뒤를 확실하게 따라가며 그 사람이 잊어버리고 간 것들을 주울 수 있다.

또한 일을 할 때는 중요도와 긴급도에서 우선순위를 매겨 신중하게 처리해야 한다. 그렇게 하면 실수와 초조감이 줄고 상당한 시간을 절약할 수 있다.

"일에 욕심을 부리는 것은 좋다. 그러나 자신이 할 수 있는 범위를 정해 일에 쫓기는 일이 없도록 하라. 일에 한번 쫓기게 되면 일의 노예가 되어버린다. 반대로 자신이 주체가 되어 일과 감정을 다스리면 마음의 여유가 생겨 다양한 방식으로 일을 할 수 있게 된다."

위의 말은 1840년대 미국에서 폭발적인 인기를 누린 《성공 사례 모음》에 수록된 내용이다.

이같이 성공은 자기 자신이 설정한 '조건'과 '환경'에서 비롯된다. 성공할 수 있는 '환경'을 알면 그 다음은 목적지를 향해 일사천리로 전진할 수 있다. 눈앞의 목적지까지 전진할 수 없다면 아직 성공을 위한 '환경'이 만들어지지 않았기 때문이다. 또한 환경이 만들어지지 않은 것은 자기가 설정한 '조건'이 그릇되었기 때문이다.

많은 이들이 실패를 했을 때 "나에게는 행운이 오지 않았다"는 푸념과 한탄으로 하루하루를 보낸다. 이런 사람들은 순전히 행운과 요행에 의지해 성공을 이루려고 한다. 그러나 그들은 스스로가 어떤 행운을 기다리고 있는지조차 알지 못한다.

사람에게는 일생 동안 몇 번의 기회가 찾아온다. 나머지는 일에 대한 의지와 활동력, 참을성 등의 필요한 자격을 갖추었느냐 여부에 의해 성공은 결정된다. 사다리는 언제나 걸쳐져 있다. 따라서 그것을 오르려는 결심만 하면 되는 것이다.

삶의 현장에서 균형 감각을 잃지 말라

삶의 현장에서는 아군도 적군도 없다. 세상에 영원한 것은 없기 때문이다. 그러므로 누구에게나 공평하게 대함으로써 한쪽으로 치우치지 말아야 한다. 대인관계의 균형을 유지하지 못하면 성공의 사다리를 오르더라도 조만간에 굴러 떨어지고 말 것이다.

에머슨은 말했다.

"우리는 나무와 같이 위로 자라기만을 간절히 바란다. 흔히 그것만이 성공이라 생각하기 때문이다. 물론 잘못된 생각은 아니다. 그러나 밝은 태양을 향해 위로 더 높이 자라려면, 그 뿌리 또한 어두운 땅 속 깊숙이 파고들지 않으면 안 된다. 뿌리가 있는 어두운 땅을 소홀히 한다면 태양을 향한 가지는 자라지 못한다. 밝음과 어둠, 하늘과 땅은 비록 상반되는 것이지만 자라는 나무에게는 이 모두가 중요하다."

에머슨의 비유처럼 바라는 것이 있으면 잃어야 할 것도 있다. 또한 버려야 할 것이 있으면 찾아야 하는 것도 있다. 우리는 어쩔 수 없이 빛과 어둠이 공존하는 삶의 현장에 나서야 한다. 그곳에서 형성되는 대인관계는 희망과 실의, 성공과 실패, 이득과 손해가 적절히 어우러진 것이다. 따라서 이곳에서 즐거움을 얻으려면 상대방의 희망, 성공, 이득을 먼저 인정하고 고려해 주어야 한다. 이것이 바로 간단하게 실천할 수 있는 성공의 원리다.

요즘은 과거에 비해 권리와 자유가 철저하게 보장되는 편이다. 모두에게 공평한 기회가 제공되고 행운도 특정 개인에게 편중되어 있지 않다. 한 마디로 누구 앞에나 성공으로 오르는 사다리는 있다는 것이다.

그러나 이 사다리를 타고 올라가 취하는 성공의 몫은 서로 다르다. 그것은 각자의 성향과 생각의 각도와 행동 방식의 차이에서 비롯된다. 눈앞에 열린 성공의 길로 나아가려면, 노력함과 동시에 같은 목적을 가진 타인에 대한 배려, 어느 쪽에도 치우치지 않는 균형감각을 유지해야 한다.

오늘 할 일을 내일로 미루지 말라

상상만 하는 것보다는 실천이 우선이다.

"해야 할 일은 곧바로 행할 것. 설령 욕심 나는 무언가를 희생시키더라도 그날 해야 할 일은 다음 날로 미루지 말라."

진부하긴 하지만 이는 불변의 진리다. 일의 성패는 사실 그 사람의 행동력에 따라 결정된다. 실천에 옮겨 일을 하느냐, 그렇지 않으면 상상만 무성하게 하느냐의 차이다. 또한 상상을 끝내고 결심을 행동에 옮길 때, 낡은 방법이나 사고방식에 지나치게 얽매여서는 안 된다.

또 일에는 진취성이나 창의력, 연구심이 필요하다.

연구와 자기 계발을 게을리하지 않으면 누구나 좋은 성과를 올릴 수 있다. 때때로 일이 잘 풀리지 않는다고 해서 조급해 하거나 짜증을 내면 상황은 더욱 나빠진다.

젊은이들은 대부분 단번에 성공을 거머쥐고 싶어하며, 단 한 번의 통찰이나 행동으로 성공을 얻을 수 있으리라 생각한다. 그러나 그런 일은 좀처럼 일어나지 않는다.

성공은 끊임없이 노력함으로써 얻어지는 것이고 또 그렇게 얻는 성공만이 오래 가는 법이다. 또한 성공으로 가는 길에서 인내가 가장 필요한 시기는 다름 아닌 첫 시작의 발걸음을 내딛을 때이다.

씨앗을 뿌렸으면 악착스럽게 가꾸어라

사무엘 베제트는 씨를 뿌리고 그것을 가꾸어 큰 재산을 모은 전형적인 사람이다. 그는 영국 링톤의 작은 마을에서 태어났다.

그의 아버지는 사무엘이 일곱 살이 되던 해 브리스톨 근교의 킹스위드에 가게를 열었다. 비록 처음 해보는 장사였지만 온 가족이 열심히 일한 덕분에 가게는 날로 번창했다. 그리고 사무엘 역시 가게일을 도우면서 나름대로 장사에 대한 지식을 터득했다.

그는 이때를 다음과 같이 회상했다.

"어느 날 학교에 가는 도중 말굽을 주워 대장간에 팔았습니다. 그것이 내가 최초로 번 돈이었습니다. 그리고 그 돈은 오랫동안 내 주머니에 남아 있었습니다."

사무엘은 좀처럼 돈을 쓰지 않은 것은 물론, 돈 버는 데 누구보다 열심이었다. 사무엘의 진정한 '비즈니스'는 그로부터 몇 년 후 형과 함께 길을 걷다가 오이 파는 여자를 만나면서 시작됐다.

사무엘은 여자에게 오이를 전부 살 경우 얼마냐고 물었고 형은 그에게 그런 바보 같은 거래는 그만두라고 타일렀다. 그러나 그는 오이를 모두 산 뒤 그것을 되팔아 자신의 기대

우리는 나무와 같이 위로 자라기만을 간절히 바란다.
흔히 그것만이 성공이라 생각하기 때문이다.

⋮

밝은 태양을 향해 위로 더 높이 자라려면,
그 뿌리 또한 어두운 땅 속 깊숙이 파고들지 않으면 안 된다.

대로 이익을 남겼다. 이 모험이 계기가 되어 사무엘은 계란, 닭, 새끼돼지, 당나귀 등을 팔아 이윤을 남기기 시작했다.

또한 그는 이렇게 번 돈을 도통 쓰지 않고 저축했는데 열네 살이 되자 상당한 금액이 모여 있었다. 그리고 그는 그것을 이자를 받는 조건으로 아버지에게 꾸어주었다. 결과적으로 이 돈을 되찾지는 못했지만 그는 이 일을 후회하지 않았다. 비록 어렸지만 돈에 얽매이지 않는 사고방식을 몸에 익히게 된 것이다.

사무엘은 언제나 성실하게 노력하고 그 노력의 대가를 최대한 살릴 수만 있다면, 잃은 것보다 더 큰 것을 얻을 것이라는 믿음을 버리지 않았다.

사무엘은 형의 가게 일을 도왔는데 나이에 비해 체격이 작은 그에게 중노동에 가까운 가게 일은 벅찬 것이었다. 그러나 그는 아무 불평 없이 전념했고 배운다는 자세로 늘 바쁘게 움직였다. 그런 동생을 안쓰럽게 여긴 형은 억지로 가게 일을 그만두게 했다. 무리하다가 병이라도 날까 염려했기 때문이었다.

사무엘은 크게 낙심했지만 포기하지 않고, 얼마 후에는 도시로 나가 큰 가게의 점원이 되었다. 그는 거기서 장사 수단을 익히는 데 전력을 다했다. 몸은 비록 허약했지만 그에게는 다른 사람이 갖지 못한 투철한 열의와 성실한 노력 그리고 배우려는 의지가 있었다. 거기다가 몸에 밴 근검 절약 정신은 재정적으로 건강한 생활을 유지하는 데 큰 도움이 되었다.

그렇게 몇 년이 흘러 그는 웬만한 장사 기술을 모두 터득하게 되었고 수중에는 꽤 큰 돈이 모아져 있었다. 그는 다시 고향에 내려가 경영난에 빠져 있던 형의 가게를 인수했다. 물론 형과 동업을 한다는 조건이었다.

신뢰와 결단은 훌륭한 사업 자본이다

사무엘 형제는 신중하게 사업의 이해 타산을 검토한 뒤 사업 영역을 조금씩 확대해 나갔다. 상호도 베제트 상사로 고쳤다.

베제트 상사는 날로 번창했다. 신용을 최우선으로 하는 사무엘의 사업 방침 덕분이었다.

사업의 범위도 영국 남서부에서 중부 일대의 넓은 지역으로 확대되었다. 브리스톨 항에 내려진 물건들은 화물차로 킹스위드의 베제트 상사까지 운반되었다. 회사는 늘어나는 직원을 위하여 사택을 건립해야 할 정도였다.

사무엘은 아무리 일반적인 상업 관습이라고 해도 옳지 않은 일은 절대 하지 않는다는 방침을 고수했다. 당시에는 후추에 무거운 세금이 부과되어 있었으므로 가짜 후추를 섞어 파는 일이 지나치게 일반화되어 있었다. 심지어는 파는 사람이나 사는 사람 모두 양심의 가책이나 불만을 느끼지 않을 정도였다.

하지만 사무엘은 고민을 거듭한 끝에 어느 날부턴가 가짜 후추를 섞어 팔지 않기로 했다. 그리곤 그 결심을 즉시 실행에 옮겼다. 사무엘은 그것을 단 몇 분이라도 더는 시장에 내놓을 수 없다고 생각하고 한밤중에 일어나 가게를 찾아갔다. 그리고 가짜 후추를 바람에 날려보냈다.

사업을 시작한 지 20년이 지나 사무엘의 형이 퇴직을 하자 사무엘은 베제트 상사의 단독주인이 되었다. 혼자가 된 사무엘은 더욱 분발하여 베제트 상사를 영국에서 제일 가는 대기업으로 키웠다.

사무엘은 다른 일뿐 아니라 직원에 대한 통솔력 또한 뛰어났다. 그는 사규를 반복하여 어긴 사원은 가차없이 해고시켰으며, 성실한 사원은 물심양면으로 돌봐주었다. 신입사원이 들어오면 상세하게 일을 가르쳤고, 특히 재능 있는 사원에게는 회사 경영에 대해서도 자주 의견을 물어 참여의식을 고취

시켰다.

 이렇게 인재 양성에 힘을 기울이자 마침내 "베제트 상사의 직원들은 회사 일을 자기 일처럼 한다."는 평판을 듣게 되었다.

 사무엘 베제트가 타계했을 때 킹스위드 주민들은 묘지로 향하는 사무엘의 뒤를 울면서 뒤따랐다. 모두 커다란 슬픔에 젖어 있었다. 그는 죽었지만 그가 남긴 발자취는 성공을 원하는 노력가들의 모범이 되었다. 사무엘 베제트의 성공 비결은 남다른 통찰력과 끈기와 노력이었다.

행동만이
좋은 일을 만든다

일하지 않는 인간은 행복할 수 없고, 그런 의미에서 '성공한 인생'을 보낼 수 없다.

그리스의 유명한 의사 가레노스는 이렇게 말했다.

"일하는 것 자체가 만병을 고치는 명의다. 일을 하면 자연히 병이 낫기 때문이다. 따라서 건강하게 살려면 끊임없이 일해야 한다."

때때로 일의 성과가 눈에 보이지 않을 때도 있다. 무언가를 배우기 위해 일을 할 때가 그렇다. 그러나 성과는 하늘에 맡기되 좋아하는 일에 몰두한다면 행복하지 않겠는가.

독일의 철학자 피터는 이렇게 말한다.

"이 일이 잘 될까 하고 불안을 느끼거나 회의적이어서는 안 된다. 잘 될 것이라는 긍정적인 자세로 최선을 다하면 된다."

하지만 좋은 결과를 얻으려면 그 나름대로 용의주도한 계획과 방법을 마련해야 한다. 또한 머릿속으로 계획을 그렸다면 즉시 실천에 옮기도록 하라. 나무는 어떤 열매를 맺는가에 따라 그 가치가 달라진다. 그와 같이 인간의 가치도 생각이나 목표가 아닌 실제로 무엇을 해내는가에 달려 있다. 에머슨은 말한다.

"재능을 발휘하지 않는 천재는 천재가 아니다. 그건 떡갈나무 열매가 많아도 떡갈나무 숲이 아닌 것과 같다. 떡갈나무 열매 안에 떡갈나무가 들어 있다고 하지 않을 수 없고, 인간의 두뇌 속에도 장대한 계획이 깃들여 있다고 하지 않을 수 없다. 그러나 그것을 확인하기 위해서는 열매나 계획의 결과가 보여져야 한다. 다재다능한 천재도 눈으로 확인할 수 있는 결과를 보여주지 않는다면, 그것은 전혀 쓸모없는 것이다."

목표를 향해 일할 때 가장 행복하다

삶에 대한 기쁨은 얼마만큼 행동했는가, 가지고 있는 능력을 얼마만큼 활용했는가에 비례한다. 행동과 기쁨은 밀접하게 관련되어 있기 때문이다.

일을 하는 것은 행복을 얻기 위함이다.

인간은 이득 있는 일에는 끝없이 욕심을 부린다. 또 바라는 것을 손에 넣고자 수단과 방법을 가리지 않기도 한다. 그러나 건전한 노력으로 얻은 결과만이 가치 있고 오래 간다는 사실을 잊지 말라. 원하는 것을 지나치게 쉽게 손에 넣게 되면, 그 가치 또한 쉽게 사라져 버린다. 인생은 원하는 것이 좀처럼 손에 들어오지 않음으로 해서 재미있고 즐거운 것이 아닌가.

사실 사람은 무엇인가를 추구할 때 제일 행복하다. 일에서 성공한 사람들 역시 하나같이 이렇게 말한다.

"성공을 좇아 동분서주할 때는 매순간이 즐거웠는데 목표를 달성해 원하는 것을 얻자 삶이 지겨워져 버렸다."

독일의 대작가 레싱은 다음과 같이 말했다.

"전지전능한 신이 오른손에는 '진실의 상자', 왼손에는 '진실탐구의 상자'를 들고 하나를 선택하라고 한다면 나는 망설임 없이 '진실탐구의 상자'를 선택할 것이다."

밝고 쾌활한 마음으로 일하라

자기 일에 몰두하는 사람은 언제나 밝고 쾌활하다. 그렇기 때문에 그는 성공할 수밖에 없다. 반면 일에 몰두하지 않는 사람은 항상 우울함에 시달려 실패를 거듭한다.

인생을 쾌활하게 보내려면 즐거운 마음으로 행동하고, 사소한 일에 구애받지 말아야 한다. 쾌활한 삶과 작은 일에 움추리지 않는 마음을 기르려면 흥미 있는 일, 사람들에게 도움이 되는 일에 종사하는 것이 좋다.

하고 있는 일에 흥미가 없다면 앞날을 위해 준비를 할 수 없게 된다. 따라서 행복한 인생을 보낼 수도 없다.

태만하고 부정적인 생각으로 생활하면 즐겁고 재미있는 일은커녕 의심과 질투와 원망만 생기게 된다. 그러한 것들은 자신의 인생에 바람구멍을 뚫어 즐거움을 파괴해 버린다.

예로부터 현자들은 '즐거움을 주는 것'을 솔직하게 받아들이고, 그것을 노동이나 노력, 행동에 대한 감미로운 대가라고 생각해왔다.

라스킨은 말하고 있다.

"인간이 느끼는 건전한 기쁨은 변하지 않는다. 기쁨은 주로 일을 즐기는 가운데 있다. 가을에 거둘 것을 예상하고 씨앗을 뿌리며 싹이 돋고 꽃이 필 때까지 즐겁게 일한다. 그리고 틈틈이 책을 읽고, 사색에 잠기고, 이웃을 사랑하고, 희망을 품는다. 사는 즐거움과 행복을 실감하는 것은 바로 그

재능을 발휘하지 않는 천재는
천재가 아니다.

그건 떡갈나무 열매가 많아도
떡갈나무 숲이 아닌 것과 같다.

런 때이다. 그 진리는 옛날부터 조금도 변함이 없으며, 앞으로도 변하지 않을 것이다."

사실 기쁨과 즐거움이 얼마만큼 큰가는 선택한 일이 얼마나 의의있는 일인가에 달려 있다. 나뿐만이 아니라 다른 사람들에게도 도움이 되는 일일수록 그 기쁨이 더욱 커지는 것이다.

또한 아무리 열심히 일해도 그 목적과 방향이 틀렸다면 마음속에는 언제나 사나운 폭풍우가 몰아쳐 기쁨과 만족감을 느낄 수 없다.

주위를 둘러보면 슬픈 듯한 얼굴을 하고 있는 사람을 흔히 찾아볼 수 있다. 그들은 이 아름다운 세상에서 흥미와 힘을 북돋아 줄 만한 일을 찾지 못해 무감각한 표정을 짓고 있는 것이다.

그러나 이 세상에 즐거움을 안겨 주는 일은 얼마든지 있으며 그 일을 찾는 것 또한 즐거운 일이 아닐 수 없다.

유쾌하게 일하고 즐겁게 쉬어라

직업 외에도 정신적인 호기심을 자극하고 삶의 여유를 주는 가외적인 일을 찾아보자. 그것은 자기 만족과 흥미를 느끼게 해줄 것이다. 하루의 일이 끝나면 그때까지와는 전혀 다른 취미 활동을 하면 몸도 마음도 가뿐해진다.

좋아하는 공부, 또는 기술을 익히는 것도 좋다. 일 이외의 것에 몰두하게 되면 마음이 편해지는 것을 느끼게 될 것이다. 저녁 때 돌아와 아무것도 하지 않는 것은 인생의 중요한 목적을 단순히 먹고, 자고, 일하는 것과 맞바꾸는 어리석은 일이다.

공정한 판결을 하기로 유명한 힐버튼은 어느 재판을 마친 후 이렇게 말했다.

"행복은 딱히 정의 내리기는 어렵지만, 시간을 태만하게 보내는 자는 누리지 못하는 것임에 틀림없다. 나는 이 세상이 시작된 이래, 태만한 인간이 행복했다는 이야기를 들은 적이 없다. 묘하게도 나는 재판정에서 언제나 게으른 사람들만 만났고, 그들 모두를 감옥으로 보내야만 했다."

일은 행복을 증폭시켜 준다. 노는 것만이 인생이라면 사는 것은 즐겁지 않으리라. 반대로 일만 하고 전혀 즐기지 못하면 마치 맨살이 드러난 등으로 돌을 져 나르는 것처럼 하루하루가 지겹고 고통스러울 것이다.

일하는 것만으로는, 또한 노는 것만으로는 행복을 느낄 수 없다. 일만 하게 되면 마음이 삭막해지고 게으름만 피우면 정신이 황폐해진다. 그렇지만 어느 쪽인가를 선택해야 한다면 일하는 쪽을 선택하자. 너무 많은 일을 하는 것도 불행하지만 너무 게으른 것 또한 재난의 씨앗이다.

일에 몰두하며 즐거움을 찾는 사람은 "정신을 집중해서 노력하면 어떤 일도 이룰 수 있다."는 격언을 잘 실행하는 셈이다. 책임감 있고 사려 깊은 사람일수록 그런 종류의 격언을 좋아하기 마련이다. 그러나 휴식과 여가에 마음을 기울이는 일도 중요하다. 여가에 힘을 쏟았다고 해서 일에 힘을 쏟지 못하게 되는 것은 아니기 때문이다. 때로는 다른 일을 해봄으로써 기분을 전환시키고 휴식을 누리도록 하자.

《랑카샤의 전통》의 저자 로비도 일에 집중하되 여가를 잘 활용해 대성한 사람이다. 그는 낮에는 랑카샤 은행에서 일하고 밤에는 자신의 취미 활동에 몰두했다. 그는 일과 취미 생활을 적절하게 양립시켰다. 로비의 전기 집필자는 전기 첫 페이지에 이렇게 썼다.

로비는 은행가로서의 능력이 없어서 은행의 역사나 돈에 관한 전설, 설화를 탐구하고 창작 활동에 전념했던 것은 아니다. 그는 밤에 집필을 하고서도 은행가로서의 일을 훌륭히 수행했다.

일과 취미, 이른바 겸할 수 없는 두 가지를 교묘하게 해나가는 지혜로운 사람들은 우리 주위에도 얼마든지 있다. 그들은 일에서 훌륭한 업적을 쌓는 한편 취미를 살려 자신만의 세계를 쌓고 거기서 정신적인 만족을 얻는다.

살아가는 데 즐거움은 반드시 필요한 것이다. '잘 배우고 잘 논다.'는 말을 듣는 사람은 일단 행복의 문에 들어선 사람이다. 놀이는 인생의 장엄한 가치와는 다르지만 일상과 노동의 좋은 윤활유가 된다.

예를 들어 여름에 바다에 가보자. 그곳에서 심신의 피로를 덜고 내일을 위한 힘을 축적한다면 그것은 낭비가 아닌 이익이 된다. 건강한 휴식을 취하고 돌아오면 의욕이 솟고 그때까지 시시하고 재미없던 것들도 새롭게 보인다.

혹은 친한 친구와 함께 쾌활한 저녁시간을 보내는 것도 좋다. 친구와 헤어진 다음 날 아침 기분도 상쾌하고 기력도 왕성해져 있음을 느낄 수 있을 것이다.

확고한 신념이 주는
놀라운 힘

　행복한 인생을 보내기 위해서는 하고자 하는 일을 끈기 있게 계속하라.
　누구나 알고 있듯 끈기 있고 성실한 노력가는 인생을 요행 탓으로 돌리지 않는다. 또한 그런 사람에게는 악운도 대부분 피해가기 마련이다.
　그에 비해 노력도 않고 일이 이루어지지 않는다고 불평하는 사람들도 있다. 그들은 자신의 불행을 타인의 탓으로 돌리거나 운이 나빴다고 변명한다. 그들은 불운을 만들어낸 사람이 자기 자신이라는 것을 인정하려 들지 않는다.
　그러나 행운의 여신은 누구에게나 공평하게 찾아온다. 그들은 단지 그것을 알아차리지 못했을 뿐이다. 아니면 불평불만에 신경을 쓰느라 아예 무시해 버렸을지도 모른다.

헨리워드 비처는 이렇게 말한다.

지금부터 '행운'과 '악운'의 비밀을 이야기해 보자.
어떤 이는 자신의 가난하고 비참한 말년을 다른 이의 탓이라고 변명한다. 우리는 그 한 마디만으로도 그의 인생 여정을 일목요연하게 알아챌 수 있다. 그는 고기 없는 연못에 낚시를 던져두고 젊음을 탕진한 사람이다.
그런 사람에게는 행운이라는 고기가 다가올 리 없다.
모처럼 행운을 얻었는데도 미끼 없는 낚시바늘에 정신이 팔려 있다면 스스로 그 행운을 던져 버리고 불행을 택하는 것과 같다.
또, 타고난 성급함 때문에 친구를 잃고 쓸데없는 쾌락에 열중해 일을 소홀히 하거나, 성실하고 열심히 살았다 하더라도 순간적으로 판단을 잘못 내려 애써 쌓은 성과를 일시에 허물어 버린 사람도 역시 행운을 버리고 악운을 택한 것이다.
그에 비해 일찍 일어나 성실하고 소박하게 하루하루를 보내는 사람들은 절대로 자신의 현실을 한탄하지 않는다. 우리는 모두 열심히 일할 대낮에 양손을 주머니에 쑤셔 넣고 식료품 가게에서 어기적거리며 나오는 사람을 볼 때, 그가 악운을 짊어지고 있다는 것을 금방 알 수 있다. 게으름뱅이가 짊어진 악운이야말로 불행 중 불행이다.

끝까지 한 우물을 파라

한때 오스트레일리아의 수도였던 멜버른과 영국 런던에 거점을 두고 활발한 사업을 펼친 월터 파우엘은 1800년대에 가장 큰 성공을 거둔 사업가 중 한 사람이다.

파우엘 일가가 영국을 떠난 것은 가난 때문이었다. 그의 아버지는 오스트레일리아의 멜버른이라면 쉽게 생계 수단을 찾을 수 있으리라고 생각하고 있었다. 그런데 신천지에 도착하고 얼마 안 가 가지고 있던 돈도 바닥이 났고, 생활은 더욱 궁핍해졌다.

어린 파우엘은 어려운 집안 살림을 돕기 위해 일을 찾아 나섰다. 그리고 파우엘의 용기를 가상하게 여긴 어느 가난한 사업가가 그를 고용하겠다고 나섰다.

파우엘은 그 주인의 배려에 보답하기 위해 있는 힘을 다해 일했다. 또 자신의 월급이 주인의 경영 상황과 맞지 않다는 것을 알고 액수를 내려달라고 부탁하기도 했다.

그는 일찍부터 일기를 쓰는 습관이 있었는데, 그 무렵의 일기 중 한 페이지에 이런 말이 적혀 있었다.

이번 한 달은 사무엘 클라크 박사의 전기를 읽었다. 나는 박사의 강한 인내와 신중함에 깊은 감동을 받았다. 보통의 노력이 아니다. 특히 그는 시간을 실로 잘 사용하고 있었다. 그것은 참으로 본받아야 할 점이다.

그러나 파우엘은 일을 하는 동안 건강이 악화되어 일단 영국으로 돌아가게 되었다. 그리고 그때 사업을 생각했다. '오스트레일리아에서 있는 힘을 다해 보자, 하지만 만약 실패한다면 일생 동안 월급쟁이로 살자.'

그는 다시 멜버른으로 건너와 사업을 시작했으나 매출이 오르지 않았다. 그래서 그는 적은 돈도 헛되게 쓰지 않도록 낭비와 사치를 막는 데 힘쓰고 다시금 마음을 굳게 가다듬었다. 그렇게 고전을 면치 못했던 그때 예기치 못한 행운이 찾아왔다.

멜버른에서 황금 열풍이 일어난 것이다. 금광이 발견되자 수많은 남자들이 집과 직장을 떠나 이곳으로 모여들었다. 마치 오스트레일리아의 전 인구가 멜버른으로 몰려드는 것 같았다. 이렇게 되자 식료품 가격이 훌쩍 뛰었고 부동산도 두 배로 올랐다. 누구나 일확천금을 거머쥐려고 혈안이 되어 있었다.

하지만 파우엘은 황금 열풍에 동요하지 않고 사업에만 전력을 다했다. 대신 금광개발 열풍에 착안해 금을 캐는 데 필요한 삽과 곡괭이를 팔았다. 그리고 팔린 삽과 곡괭이가 금을 파내기도 전에 파우엘의 금고에는 돈이 넘쳤다.

하지만 금광 열풍은 잠시 뿐, 소문만큼 금이 풍부하지 않자 사람들은 이내 풀이 죽었다. 절망감과 먹구름이 멜버른을 덮었다. 재고들은 대량으로 창고에 쌓이고, 그때까지 높은 가격으로 팔리던 것들은 헐값에도 나가지 않게 되었다. 금광 열풍을 타고 급조된 신축 건물은 열기가 식은 투기를 비웃듯 여기저기에 썰렁하게 남아 있었다. 쉽게 부풀었던 꿈이 허무하게 녹아 내리는 순간이었다.

물론 금을 파내 큰 돈을 만진 사람들은 사치스런 생활을 즐기고 있었다. 그러나 파우엘은 그런 데 휩쓸리지 않았다. 그는 사업 번성기에도 허름한 집에 살면서 스스로의 신념에 따라 근면하게 노력과 절약을 계속해왔던 것이다. 그뿐만 아니라 아무리 사업이 번창해도 그것을 내놓고 자랑하지 않았다.

또한 거래처를 속이거나 일시적인 이득을 노려 위험한 일에 손을 대거나 하지 않았다. 파우엘에게 있어서 사업은 신성한 의무였기 때문이다.

그는 항상, 성공은 '사람들에게 도움이 되는 기회가 늘어나는 것'에 지나지 않는다는 소박한 생각을 갖고 있었다. 그러면서도 그는 건전한 노력을 통해서 얻은 이익들을 철두철미하게 관리했다.

파우엘은 이익을 최우선 목적으로 삼는다는 사업의 취지와, 삶과 인생의 목적을 혼동하지 않았던 것이다. 그는 자연인으로서의 인격과 사업가로서의 인격을 명확히 구분한 전형적인 사업가였다. 그의 사업과 인생에 있어 신념이자 좌우명이었던 것은 '일은 기민하게 마음은 뜨겁게, 그리고 봉사를 잊지 않는다.'였다.

'일은 기민하게'라는 것은 자기 자신의 부주의로 인해 행운을 쫓아버리지 않도록 주저하지 않고 신속하게 행동한다는 의미였다. 그는 초지일관 자신의 신념을 실천했다. 또 그는 '봉사를 잊지 않는다.'는 자신의 좌우명을, 사업으로 벌어들인 이득 중 일정액을 사회에 환원함으로써 지켜나갔다.

행운은 신념이 확고한 사람에게만 찾아온다

분명 파우엘은 성공한 사업가 중 한 사람이다. 그러나 그는 독특하고 획기적인 수단을 통해서가 아니라 신념과 열의라는 단순하고 간단한 원리로 자신의 성공을 이끌어냈다.

그는 자신의 사업 철학을 다음과 같이 적고 있다.

"다른 가게의 판매 가격을 철저히 조사하고 그것보다 높은 가격으로는 절대 팔지 않는다. 이익이 낮더라도 많이 팔면 더 큰 이익을 올릴 수 있다. 상품의 양이 많으면 많은 만큼 싸게 팔 수 있다. 재고가 부족하면 이득도 적다. 가격을 싸게 매겨 회전을 빨리 할 수만 있다면 그 결과는 엄청난 것이다."
"사업에 있어 가장 중요한 것은 우수한 사람을 적절하게 고용하는 일이다."
"가게의 외관이나 상품의 전시방법만으로도 매출을 높일 수 있다."
"어려운 문제에 부딪히면 다음 날 대답해 주겠다고 말한다. 그러나 마음이 약해져서는 안 된다. 언제나 용기를 내어 감사하는 마음을 잊지 않는다."
"위험한 다리는 건너지 않는 편이 좋다."
"처음부터 고용 환경을 좋게 만들어야 한다. 그렇게 하면 직원의 마음을 잡을 수 있고, 그들도 도움을 주기 위해 노력할 것이다."
"파산의 공포로부터 벗어나는 확실한 방법은 빨리 이루고자 하는 개인적인 욕구를 적당히 억누르고 투자한 자본에 걸맞는 이익에 만족하는 것이다."

이상과 같은 신념과 이를 실천한 것이 파우엘을 성공으로 이끌었다. 그러나 그는 단순히 개인적인 목적을 위해 성공을 바랐던 것은 아니었다. 그가 사업을 일으킨 목적은 안락과 쾌락을 추구하기 위한 것이 아닌, 자립에 필요한 최소한의 생계를 꾸리기 위함이었다.

파우엘의 인생 목표는 사람들을 돕는 것이었다. 그는 금전이 그것을 실현시켜 주는 중요한 수단이라는 것을 알고 자신이 할 수 있는 일을 발견해 거기에 정진한 것이다. 그리고 사업이 성공해 봉사를 할 준비가 되자 자신의 돈을 사람들에게 아낌없이 나누어 주었다.

파우엘과 친했던 한 친구는 그를 성공으로 이끈 가장 특징적인 성격으로 우선 결단과 신속함, 다음으로는 목적 수행을 위한 끈기를 들었다. 그 밖에도 기민한 판단력과 엄격한 시간 준수, 온화하며 쾌활한 성격 등도 언급했다.

물론 파우엘의 성공은 행운과도 무관하지 않았다. 사업 초기에 금맥이 발견된 것과 그때 멜버른에서 장사를 하고 있었다는 것, 한탕 벌기 위해 멜버른에 모여든 수천 수만 명의 사람들에게 질 좋고 싼 물건을 공급할 수 있었던 것, 이 세

재능을 발휘하지 않는 천재는
천재가 아니다.

그건 떡갈나무 열매가 많아도
떡갈나무 숲이 아닌 것과 같다.

가지 행운은 그의 사업가적 특질과 절묘하게 일치해 사업 성공의 원동력이 되었다.

그러나 역시 그 시기, 같은 직종을 꾸리면서도 파산한 사람 또한 있었다. 그들도 파우엘과 같은 행운을 맞이했지만, 사고방식과 행동양식이 달랐기 때문에 그것을 살릴 수 없었던 것이다.

재능은 노력할 때
더욱 빛난다

마음은 늘 앞서면서 제자리에서만 맴도는 사람이 있다. 노력을 하지 않기 때문이다. 그런 사람은 어차피 노력해도 매일반이라는 체념 속에서 자신을 개선하지 않는다. 결국 그런 이들은 아무것도 얻은 것 없이 모든 가능성을 물거품으로 만들고 만다.

성공은 재능과 운과 환경이 밑바탕이 되어야 하지만 반드시 그것들이 성공을 결정짓는 것은 아니다. 성공이란 노력의 결과이다. 재능은, 모든 것을 할 수 있는 힘이나 자연적으로 만들어지는 것이 아니다.

콜리지는 '재능이란 성장하는 능력'이라고 말한다. 바꾸어 말하면, 재능은 성장하려는 의지가 있을 때만 나타난다는 것이다. 또한 재능은 무분별한 의지보다는 자신의 적성과 선택이 일치할 때 비로소 빛나는 것이다.

사람들은 모두 성공할 수 있는 재능 하나쯤은 가지고 있다. 예를 들면 어떤 사람은 문학적 재능이 있을 것이고, 또 어떤 사람은 수학에 탁월한 능력을 가졌을지도 모른다. 문학적 재능이 뛰어난 자가 수학적 재능까지 겸비하는 경우는 드물지만 각자 자신의 것을 크게 키움으로써 그 결점을 보완할 수 있다. 또한 노력을 하되 적성에 맞지 않는다면 그 노력도 쓸모 없게 된다.

모든 분야에 손을 대도 될 만큼 완벽한 사람은 없다

레오나르도 다 빈치는 다양한 분야에서 재기 발랄한 재능을 보여 준 천재적인 화가이다. 그러나 그가 그렇게 할 수 있었던 것은, 종교적 속박에서 벗어나 개인과 개성의 해방을 추구하는 시대적 조류에 발맞춘 것도 있지만 무엇보다도 재능이 탁월했기 때문이다. 그러나 사실 그 같은 천재는 천 년에 한 번 나올까말까 하며, 보통의 우리들은 모든 분야에서 이런 능력을 발휘할 수 없다.

메이슨은 《자기인식과 성찰》이란 저서에서 이렇게 쓰고 있다.

한 가지 일에 뛰어난 사람은 수없이 많다. 그렇다고 그가 모든 일을 뛰어나게 처리할 수 있다는 생각은 크나큰 착각이다. 그러나 우리들 중 몇몇은 마치 그럴 수 있다는 듯 허풍을 떤다. 그들은 자신이 잘 할 수 있는 한 가지에 만족하지 못하고 다양한 분야에까지 손을 뻗친다. 관심을 갖고 즐기는 것은 좋지만 그것에 깊이 빠져드는 것은 미련한 일이다. 그렇지만 이렇게 미련한 일은 종종 일어난다.

나는 항상, 어째서 치료에 유능한 의사가 자신에게 무능한 분야인 소설 창작에 열을 올리면서 아까운 정력을 낭비하는지 의아하게 생각해 왔다. 그리고 이런 불가사의한 일은 우리 주변에서도 끊임없이 일어나고 있다. 사업을 계속했으면 나중에 훌륭한 사업가로 길이 남았을 사람이 정치의 길로 뛰어들어 만신창이가 되기도 하고, 고매한 인품의 정치가가 연극계에 빠져 격에 맞지 않는 농담을 지껄이다가 정신병자로 전락하기도 한다.

그들은 어째서 이런 우매함을 자초하는 것일까. 그것은 바로 자신을 과신하는 오만함과 더 높은 평가를 받으려는 자기 현시욕에서 비롯된다.

그러나 자연은 다양한 일에 다양한 능력을 겸비한 뛰어난 천재를 웬만해서는 만들지 않는다. 자연은 개개인에게 한 가지

씩의 능력을 부여해 그 개개인들이 모여 서로의 부족한 점을 보완하도록 했다. 그리고 그것은 영원히 변치 않는 이치이다.
그러나 자질에 맞는다고 해서 모두 성공하는 것은 아니다. 자연은 우리들의 태만을 우려해 한 가지씩 재능을 주되 반드시 노력을 통해서만 그것을 성취할 수 있도록 했다. 자신을 채찍질하여 정진하고 노력하는 사람만이 재능을 개발시킬 수 있는 것이다. 천재로 불리는 사람이나 평범한 사람이나 재능의 크기는 다르지만, 노력을 해야 한다는 사실은 다르지 않다. 단지 그 노력의 결과는 재능의 크기에 따라 차이가 있을 수 있다. 그래서 '천재'라는 말이 '노력'의 대명사로 사용되는 일이 많은 것이다.
자질이 크든 작든 노력하지 않는다면 진보도 향상도 바랄 수 없다. 재능을 개발시킨 사람들과 그렇지 못한 사람들의 일생을 비교해 보면 노력이 얼마나 크게 작용했는지를 알 수 있다. 그들의 삶에서 성공은 항상 노력의 정도에 비례하고 있다.
조각가는 대리석 덩어리에 정과 망치를 대기 전에 그 안에서 이미 직감적으로 만들고자 하는 작품의 모습을 보아야만 한다. 그리고 마음으로 본 형태에 따라 땀 흘려 대리석을 깎아야만 원하는 작품을 만들 수 있다.

노력하라, 부단히 노력하면 이루어진다

우리들 대부분은 타고난 재능이 있음에도 그것을 살리지 못한 채 일생을 마친다. 반면 어떤 사람은 자신만의 재능을 살려 이름을 떨친다. 태어날 때에는 모두가 무명이지만 인내와 노력의 길을 걸어가는 사람은 결국 이름을 떨치게 된다. 지금 이 순간에도 그들은 세계와 자신을 변화시키기 위해 묵묵히 그 길을 걷고 있다.

여기 자신의 재능을 알아차리고 노력과 인내로 이름을 떨친 조지 스티븐슨의 이야기를 보자. 그는 무수한 노력을 통해 자신의 이름을 세상에 알렸지만 처음부터 그 길이 평탄했던 것은 아니다.

조지의 부친은 대가족을 부양해야 하는 탄광의 증기 기관차 광부였다. 어린 조지는 부친에게 저녁식사를 가져가는 일을 도맡았고 때때로 이웃에 사는 농부의 집에서 소를 돌보기도 했다. 그러나 그렇게 일을 할 때를 제외하고는 늘 진흙으로 기관차를 만들면서 놀았다. 그리고 좀더 머리가 굵어져 일하기가 쉬워지자 부친이 운전하는 증기 기관차의 화부가 되었다.

열일곱 살 때 그는 짬짬이 시간을 내 기관차의 엔진을 분해하고 그 구조나 짜임새를 암기했다. 또 책을 읽을 줄 알게 되면 기관차에 대한 모든 것을 알 수 있으리라는 생각에 야간학교에 입학했다. 그가 열일곱 살의 나이에 배우고자 했던 것은 겨우 알파벳이었다. 그때까지만 해도 조지는 문맹이었던 것이다. 그는 시간을 아껴 열심히 노력한 결과 2년만에 자신의 이름을 쓸 수 있게 되었다. 이처럼 글을 읽고 쓸 수 있게 되자 공부도 빠른 진전을 보였다.

한편 그는 돈이 있어야 세상살이가 수월하다는 것을 깨닫고 손쉽게 배울 수 있는 구두 수선일을 익혔다. 그리고 난생 처음으로 이웃집 처녀 파니의 구두를 수선했다. 진작부터 파니에게 사랑을 느꼈던 조지는 밤을 새워 그녀의 구두를 매만졌고 이튿날 구두를 받아본 파니는 놀라운 솜씨에 감동을 한 나머지 '태어나서 처음으로 접해보는 예술품'이라고 극찬을 아끼지 않았다. 이 일이 계기가 되어 조지와 파니는 연인 사이로 발전했다.

파니와 결혼하고 조그만 집에 이사온 지 얼마 안 되었을 때의 일이다. 안타깝게도 그의 집에 화재가 일어났다. 다행스럽게도 불은 곧 꺼졌지만 애지중지하던 시계가 불에 타 망가져 버렸다. 조지는 시계를 수리할 돈이 없었으므로 어쩔 수 없이 직접 시계를 고쳐야 했고 그것을 계기로 이웃집들의 시계수리 일을 도맡아했다.

조지는 그때의 일을 이렇게 회상한다.

생계를 책임져야 할 가장으로서 하루하루가 무척 고단했습니다. 그러다가 이 궁핍이 무지 때문이라는 것을 알게 되었지요. 그래서 나는 내 아들만큼은 꼭 공부를 시키고 싶었습니다. 그렇지만 그때까지의 내 처지로는 아들에게 정상적인 교육을 받게 할 수 없었습니다.

나는 이를 악물고 일을 했습니다. 하루 종일 증기 기관차에서 석탄을 때고 돌아와 할 수 있는 일이라면 무엇이든 했지요. 시계 수리, 구두 수선, 그리고 야간 경비까지 마다하지 않았습니다. 정말 내 아들만큼은 나와 같은 전철을 밟게 해서는 안 된다는 일념 하나로 악착스럽게 일을 했지요. 물론 고되고 힘든 나날이었지만 이상하게도 마음은 평온해지더군요.

더 이상한 것은 내 머리가 돈벌이가 될 만한 것을 찾아 기민하게 움직인다는 것이었습니다. 칭얼대는 갓난아이를 다독이며 재우는 자동 흔들이 장치, 시간이 되면 자동으로 울리는 자명종 시계, 물속에서도 꺼지지 않는 전기식 램프 등도 그때 고안된 것입니다. 물론 바라던 돈도 충분히 벌었습니다. 그리고 그러다 보니 전혀 기대도 하지 않았던 일거리도 들어오더군요. 전문가나 만들 수 있는 기관차 제작 의뢰도 그 중의 하나였습니다. 그때까지 제가 기관차에 대해 알고 있는 것이라고는 상황에 맞게 불을 조절하여 증기를 일으킨다는 원리와 열일곱 살 되던 해 우연히 접했던 기관차 부속의 구조와 기능뿐이었습니다. 그렇게 빈약한 지식밖에 없던 터라 주저했지만 다시 없는 좋은 기회라 생각되어 흔쾌히 그 제안을 받아들였습니다.

드디어 조지는 킬링워스 탄광으로부터 제작을 의뢰 받은 기관차를 만들기 시작했다. 그는 열악한 기술과 제작 여건 하에서 많은 시행착오를 거친 뒤에야 완성품을 납품할 수 있었다. 조지가 만든 기관차는 비용은 저렴했지만 성능 면에서는 월등했다. 조지를 깊이 신뢰하게 된 킬링워스 탄광은 이후에도 여러 가지 새로운 기계 제작을 의뢰했다.

조지의 활약은 눈부셨고 그때마다 성공과 명성이 뒤따랐다. 때마침 스톡톤 철도 회사가 문을 열었고 조지는 그곳의 철도 부설 책임자로 특채되었다. 조지가 철도 부설 책임자로 발령 받아 현장에서 일하던 어느 날이었다. 스톡톤 철도 회사는 객차 수와 무게를 지금처럼 하되 더 빨리 달릴 수 있는 기관차를 만들어 내는 사람이 있다면 그 사람의 기차를 구매하겠다는 공고를 냈다.

얼마 안 가 조지는 장성한 그의 아들 로버트와 함께 힘이 세고 빠른 기관차를 제작하기 시작했다. 이때 만들어진 것이 로켓식 기관차다. 로켓식 기관차는 그때까지의 통념을 깨고 13톤의 객차를 매달고도 시속 50킬로미터로 달릴 수 있는 신기종이었다.

성공을 빛나게 하는 것은 인격이다

조지 스티븐슨의 이름이 널리 알려지자 많은 젊은이들이 진로를 상담하러 그를 찾아왔다. 조지는 성실한 노력파에 굳은 의지를 가진 사람이라면 누구든지 기꺼이 상담에 응해 주었고 할 수 있는 범위에서 도움을 주었지만, 거짓을 가장한 사람에게는 지독할 정도로 냉담했다.

어느 날, 철도 기술자가 되고 싶다는 젊은이가 화려한 지팡이를 들고 그를 찾아왔다. 그 시절에는 지팡이를 짚는 것이 유행이었다. 조지는 단호하게 그 젊은이를 꾸짖었다.

"우선 그 지팡이부터 치우시오. 이야기를 듣는 것은 그 다음에 합시다."

또 분수에 맞지 않게 화려한 옷을 입은 젊은이가 찾아왔을 때는 이렇게 말했다.

"나는 세련되지 못한 사람이라서 솔직하게 말하겠소. 나는 당신과 같이 훌륭한 젊은이가 화려한 옷으로 멋을 부린 것을 보면 실망스럽습니다. 만약 내가 당신 나이에 그런 것에 신경을 썼다면 지금의 나는 없었을 것이오."

또 조지는 몸에 밴 검소함 때문에 형식과 격식을 중요하게 여기지 않았다. 특히 겉치레에 불과한 명예를 지극히 혐오했다. 명예를 얼마나 심드렁하게 여겼는지는, 자신에게 보내온 선물에 새겨진 문양과 찬사에 대해 다음과 같은 대답을 보냈다는 사실에서 알 수 있다.

고마운 일입니다만 내 이름의 앞뒤에는 장식이 필요 없습니다. 직위도 필요하지 않습니다. 조지 스티븐슨, 그것으로 충분하니까요.

말씀드렸듯이 나는 나이트 작위를 가지고 있습니다만, 그것을 명함에 사용할 생각은 추호도 없습니다. 이보다 더 높은 작위를 주겠다는 제안도 줄곧 거절해 왔습니다. 마찬가지로 영국 학사원이나 토목기사 협회 등도 이런 식의 작위를 권유했지만 나이에 맞지 않다고 여겨 거절했습니다. 명예는 자신이 감당해야 하는 무게입니다. 따라서 내가 진실로 받아들일 수 있는 것은 현재 내가 소속되어 있는 지질학회의 회원이라는 명예뿐입니다.

그의 아들 로버트의 인품도 그의 부친에게 뒤지지 않았다.
로버트는 메나이 해협에 놓는 철교를 완성했을 때, 축하를 전하러 온 친구들에게 이렇게 말했다.

큰일을 성공시켰다고 해서 괴로움과 고민이 사라지는 것은 아니다. 큰일에는 큰 불안과 걱정이 뒤따르기 마련 아닌가. 옛친구와 만날 시간이 없어 우정이 위기를 맞게 되는 것, 이 또한 일과 똑같이 중요한 것들이다. 그러나 큰일, 훌륭한 일을 하고 있는 사람은 우정이나 가정을 모두 소중하게 여기고 물질적으로나 정신적으로 풍요로운 생활을 한다.
일을 하지 않는 사람들은 대부분 친구 관계가 빈곤하고 가정에서도 활기가 없다. 좋은 일을 하려면 처음에는 희생을 각오해야 하지만 그 희생은 더 큰 것으로 보상받게 된다. 따라서 작은 희생에 인색해서는 안 된다.

로버트는 그의 부친으로부터 두 가지의 소중한 유산을 물려받았다. 하나는 기술에 대한 천재적인 재능과 그 재능을 살리는 부단한 노력이었으며, 또 하나는 재능을 인정받았을 때 자신을 제어할 수 있는 높은 인격이었다. 만일 그가 이미 인정받은 부친의 후광에 우쭐하여 태만했거나, 몇 번의 성공으로 자만에 빠졌다면 일생을 평범하게 보냈을 것이다.

오늘날 로버트는 산업 혁명의 태동기에 터널, 교량 등 토목에 일대 혁신을 일으킨 19세기의 영웅이라기보다는 높은 품성을 소유한 진정한 인격자로 기억되며 그 역시도 그것을 바랐을 것이다.

3장

자신에 대한 확신으로 성공을 예감하라

'나는 꼭 성공할 거야'라는 생각으로
인생을 시작하는 사람은 꼭 성공한다.
성공을 만들어내는 데 필요한 것들을 행하게 되기 때문이다.
반대로 성공할 수 없다고 생각하면 성공할 수 없다.
아무리 많은 기회가 찾아와도 잡을 수 없다.
스스로 그런 환경을 만드는 것이다.
운명을 탓하지 말고 자기 자신을 탓하라.

– 에밀 쿠에, 《자기암시》 중에서

결단은
성공의 조건이다

 1700년대 영국에서 가장 존경받는 작가였던 사무엘 존슨은 일생 일대의 대작이라 할 수 있는《영어사전》의 집필을 마친 뒤 다음과 같은 말을 했다.
 "결단력이 없다면 실행할 수 없고, 실행하지 않는다면 성공할 수 없다. 결단력이 있는 사람은 반드시 성공을 거둔다. 모든 성공은 이 진리를 토대로 이루어진다."
 우리들의 삶은 결단의 연속이라 해도 과언이 아니다. 싫든 좋든 크든 작든, 하루의 일과는 결단으로 시작해 결단으로 끝을 맺는다.
 예나 지금이나 성공한 사람들은 대부분 결단력이 뛰어난 인물이었다. 그들은 결단할 때를 알았고 한번 결심하면 다른 것에 마음을 빼앗기거나 진로를 바꾸지 않았다. 설령 가진 재산을 다 잃고 빈털터리가 된다 해도 오로지 자신이 결정한 바에 따라 노력하고 마침내는 그것을 실현시켰다.

알제리 지지벨 아베스에 있는 프랑스 외인부대는 용병을 모집할 때 과거의 전력을 일체 따지지 않았다. 따라서 이곳은 정치적 망명자나 범죄자 또는 세상에서 버림받은 사람들의 은신처로 유명하다. 특이한 모병 방식을 취하는 이 외인부대는 일단 합격하면 첫번째로 결단력 훈련을 시킨다.

외인부대의 신병 훈련 교본은 결단력에 대한 정의를 다음과 같이 내리고 있다.

군인은 매순간 삶과 죽음의 기로에 선다. 따라서 죽음을 택하지 않는 올바른 판단력을 기르는 것이 훈련의 시작이다. 또한 훈련의 마지막은 순간의 상황을 파악해 생존의 방향으로 스스로를 이끄는 결단의 기술로 완성된다.

전쟁 중인 군인에게 상황 판단과 결단력만큼 중요한 것은 없다. 순간적으로 내린 결정이 부정확하거나 시기가 적절하지 않을 경우 영원히 회복될 수 없는 치명적인 오류를 범하게 된다.

지금 여러분은 삶의 현장이라는 새로운 전쟁터에서 전쟁

을 수행하고 있는 병사들이다. 이제껏 쌓은 재산과 애써 이룩한 지위를 한순간에 잃을 수도 있다는 작은 걱정을 버리고 더 큰 영광과 성공을 위해 큰 결단을 내려야 한다.

결단의 순간은 과거와의 결별을 의미하며 깨끗한 결단은 마음에 맴도는 망설임을 버리는 일이다.

누군가 이렇게 말했다.

"잘못에 대한 후회가 길어지면 사라져 형체도 없는 과거가 나타나 발목을 잡게 된다. 과거는 과거일 뿐이다. 지금 즉시 일어나 과거의 잘못과 결연히 작별하라."

삶의 현장에서의 결단은 생존 기술이다

삶의 현장에서 불가피하게 내려야 하는 결단은 일종의 생존 기술이라고도 할 수 있다. 우리 모두는 터득한 생존 기술을 활용해 매순간 앞으로 나아간다. 시위를 떠난 화살처럼 오로지 전진만을 허락하는 시간의 속성에 지배를 받기 때문이다.

과거는 시위를 떠난 화살이 남긴 공허한 자취이며, 현재는 예정된 미래를 향한 한 점, 순간에 불과하다. 보다 건강한 삶을 살려면 과거보다는 현재를, 현재보다는 미래를 중히 여겨야 한다.

과거의 일에 집착하는 것은 기억에 안주하려는 허망한 짓이다. 이미 지나가버린 과거가 영광스러웠든 비참했든, 지난 일에 지나치게 연연한다면 눈앞에 펼쳐지는 것은 가시밭길뿐이다.

부모로부터 엄청난 재산을 물려받은 한 청년이 있었다. 그 청년은 친구들과 유흥만 즐기다가 부모로부터 물려받은 많은 재산을 모두 탕진해 버렸다. 그러자 친구들은 그를 거들떠보지도 않았다. 실의에 빠져 절망의 나날을 보내던 그는 급기야 자살을 결심하고 까마득한 절벽 위로 기어올라갔다. 아래를 내려다보자 얼마 전까지만 해도 자신의 소유였던 넓은 땅과 그림 같은 집이 보였다.

청년은 무릎을 꿇고 몇 시간 동안 가만히 앉아 생각을 거듭하다가 이윽고 힘차게 일어섰다. 본래 자신의 소유였던 집과 땅을 다시 되찾고자 결심한 것이다.

결심이 서자 지금 당장 무엇을 해야 할지 정확한 판단이 뒤따랐다. 그는 서둘러 걷기 시작했다.

"아무리 하찮은 일이라도 좋다. 설령 아주 적은 돈벌이라도 기회가 있다면 피하지 말고 해보자. 그리고 손에 들어온 돈은 저축을 하자."

청년은 그렇게 맹세했고 그렇게 결심하자 일거리는 손쉽게 찾을 수 있었다.

우선 그의 눈을 끈 것은 어느 집 현관 앞에 아무렇게나 쌓여 있는 연탄이었다. 그는 연탄을 창고까지 운반해주고 약간의 돈을 받았다. 그리고는 다음 일을 찾으러 나선 뒤 그때까지 상상조차 해본 일이 없는 온갖 비참한 일도 서슴지 않고 해 나갔다.

그렇게 몇 년이 지나자 약간의 돈이 모였다. 그는 그 돈으로 여러 마리의 암소를 사서 사육했고 암소가 낳은 송아지를 팔아 목돈을 마련했다. 그는 가축 수를 늘려 나가는 한편 가축 중간 도매에도 손을 대었다. 신중하고 신속한 판단력이 요구되는 가축 중간 도매업은 그에게 그야말로 일확천금을 안겨 주었다.

마침내 그는 잃었던 재산을 되찾았다. 한순간의 결단을 통해 자신의 인생을 바꾼 셈이다.

결정된 일은 망설임 없이 실행에 옮겨라

결단에는 그것을 즉시 실행에 옮기는 행동력과 꾸준히 밀고 나가는 의지가 있어야 한다. 어떤 일을 하기로 마음먹었다 하더라도 행동하지 않거나 중도에 포기한다면 그것은 결단이 아니다.

환경운동가인 존 하워드는 마음먹은 일은 끝까지 밀고 나가 기필코 끝을 보는 굳은 의지의 소유자였다. 또 그는 자신의 목표가 자신뿐 아니라 다른 사람들에게도 도움이 된다는 사실을 잘 알고 있었다. 하워드는 어떤 일을 결심하면 그 순간 즉시 행동에 옮겼고 어떠한 장해도 그를 막아설 수 없었다.

한번은 교도소의 재소자 환경 개선 문제로 외국을 방문한 적이 있었다. 그는 다른 일행들이 관광지부터 찾는 동안 교도소를 방문했다. 빠듯한 일정에 유명한 그림이나 조각을 찾아 고대 유적지들을 방문하게 된다면 원래 목적을 달성할 수 있는 시간이 적어진다는 것을 알고 있었기 때문이다. 또한 그는 가톨릭 신자로 평소 바티칸 방문을 소원했지만 막상 로마를 방문해서는 바티칸은 구경조차 하지 않았다.

그는 자신이 목표하는 것에 마음을 쏟고 정신을 집중시켜야만 그 목표점에 도달할 수 있다는 것을 알고 있었다. 그는 자신이 바라는 것이 하나하나 실현될 때마다 형용할 수 없는 기쁨을 맛보았다.

하워드는 말하고 있다.

언제 올지 모르는
'그때'만 기대하는 것은
무익을 넘어 대단히 유해한 일이다.

결단력 있는 사람은
한 치 앞을 알 수 없는 어둠 속에도
과감히 뛰어들어
원하는 것을 신속히 실행한다.

내가 여행의 즐거움을 몰랐던 것은 아닙니다. 결심한 것을 실행하자면 온통 장해와 위험을 감수해야 한다는 것도 잘 알고 있었습니다. 그러나 나는 목표를 향한 길에 위험에 처하여 고난을 겪더라도 오직 신만은 기뻐해 주시리라고 믿었습니다.

또한 이것만은 오해하지 말아 주셨으면 합니다. 저는 하고 싶은 일만 바라보느라 주위를 둘러보지 않은 것은 아닙니다. 이기적인 나만의 세계에 빠져 여생을 보내는 것이 아닌, 좀 더 많은 사람에게 도움이 되는 일을 하고 싶다는 것이 내 본심입니다. 그것은 신이 내게 부여해 주신 의무이며, 나는 지금 내가 하고 있는 일을 바로 그것이라고 믿고 있습니다.

이처럼 의지와 결심은 유익한 일에서 더욱 크게 발휘된다. 독일의 종교 개혁가였던 루터도 그런 사람 중의 하나였다. 루터는 면죄부를 파는 교회의 타락을 막는 일이 모두에게 이익이 된다고 판단했다. 그는 1517년 95개 조에 달하는 항의서를 발표하여 파문을 일으켰고 그 일로 인해 국회에 출두하게 되었다.

그때 함께 출두하게 된 존 후스는 화형에 처해질 것을 두려워해 필사적으로 출두를 만류했지만, 루터는 그 친구에게 단호하게 말했다.

"신께서 내게 가라고 말하고 계신다. 집의 벽돌들만큼이나 많은 수의 악마가 나를 기다리고 있지만 그래도 나는 가야 한다."

이런 결단력이 없었다면 그 역시 인생에서 가장 중요한 것을 놓쳐버렸을 것이다. 오늘 할 일을 내일로 미루면 그 일은 오늘 할 수 없게 된다. 오늘 할 일을 오늘 중으로 하지 않으면 내일을 편한 마음으로 기다릴 수 없게 된다.

굳은 신념을 행하는 것은 그 자체로 많은 사람들에게 도움을 줄 뿐만 아니라 무엇보다도 자기 자신에게 큰 행운과 행복을 안겨 준다. 아무리 하찮은 결심이나 행동이라도 하지 않는 것보다는 낫다.

영국의 사상가 스마일즈는 청년 시절 이렇게 말했다.

"언제 올지 모르는 '그때'만 기대하는 것은 무익을 넘어 대단히 유해한 일이다. 결단력 있는 사람은 한 치 앞을 알 수 없는 어둠 속에도 과감히 뛰어들어 원하는 것을 신속히 실행한다."

나폴레옹이 준 행운의 선물

나폴레옹은 역사상 사려 깊은 통찰력과 뛰어난 결단력으로 위기를 넘긴 사람으로 유명하다. 그는 "나의 사전에 불가능은 없다.'고 말할 만큼 신념과 용기로 가득 찬 사람이었다.

1796년 겨울, 신혼의 단꿈에 젖어 있던 나폴레옹은 북 이탈리아로 진격해 오스트리아군을 격파하라는 명령을 받았다. 당시 북 이탈리아에 주둔한 프랑스군은 추위와 굶주림에 지쳐 있었다. 거기다가 병사들에게 지급될 급료마저 체불된 상태였다. 사기는 바닥에 떨어졌고 프랑스군은 그야말로 싸울 기력도 없는 오합지졸의 군대로 전락했다.

그러나 나폴레옹은 망설이지 않고 즉각 그 명령에 따라 임지로 갔다. 나폴레옹은 병사들에게 말했다.

"여러분은 지금 굶주리고 지쳐 있다. 보급품이 중단되어 무기도 없고 급여도 지급되지 않고 있다. 조국은 여러분을 사지로 내몰았을 뿐 아무 일도 해주지 않았다. 여러분들은 지금까지 자신의 힘과 용기와 인내, 신념과 결단만으로 이 악조건을 이겨냄으로써 스스로에게 명예와 영광을 주었다. 나는 오늘 여러분이 지닌 불굴의 의지와 용기에 합류해 더 큰 영광과 명예와 이득을 나누기 위해, 따뜻하고 편안한 집을 버리고 여기에 왔다. 여기서 좌절한다면 계속 배고프고 절망할 뿐이다. 프랑스의 위대한 장병들이여, 일어나 앞으로 진군하자. 지금 이 순간은 굶주리고 있지만, 지금 우리에게는 4천 마리나 되는 말과 적진에 포탄을 퍼부을 순간만을 기다리는 24문의 대포가 있지 않은가."

병사들은 기꺼이 그의 말에 모든 것을 훌훌 털고 일어섰다. 가장 위험한 순간에 나타나 있는 그대로 상황을 파악하고 자신들과 동행하려는 나폴레옹을 전적으로 신뢰한 것이다. 곧이어 나폴레옹이 이끄는 프랑스군은 꽁꽁 얼어붙은 알프스를 넘어 오스트리아군을 기습하여 승리를 거두었다. 싸움이 끝난 뒤 나폴레옹은 병사들에게 이렇게 말했다.

"이 승리는 여러분이 여러분 자신에게 주는 행운의 선물이다. 조국마저 외면한 이 싸움에서 여러분은 스스로 자신을 도와 바라던 일을 성취한 것이다. 전쟁이 끝나고 일상의 삶으로 돌아갔을 때 오늘 받은 행운의 선물이 얼마나 귀중한 것인가를 잘 알게 될 것이다."

나폴레옹은 병사들에게 결단과 실행만으로도 최악의 절망을 돌파할 수 있다는 확신을 심어 주었다. 그리고 그것은 오늘날의 우리들에게도 가치 있는 선물이다.

나폴레옹은 위험한 순간을 정확하게 파악하여 알맞은 결정을 내리고 강력한 행동으로 이를 실천했다. 그는 전쟁을 승리로 이끄는 비결에 대해 이렇게 말하고 있다.

"그것은 한번 내린 결정에 대해서는 절대 동요하지 않는 신념이다. 그러기 위해서는 먼저 상황을 만드는 시간과 미묘한 변화를 포착하지 않으면 안 된다. 시간을 재는 능력도 여기에 해당된다."

그의 몬테페로 전투는 이러한 신념이 적용된 전형적인 전투였다.

오스트리아군의 기병대가 몬테페로로 들어오기까지 15분이 걸린다고 계산한 나폴레옹은 그 15분 동안 아군이 확실하게 승리할 수 있는 작전을 세웠다. 그날 전쟁이 끝난 뒤 나폴레옹은, 오스트리아의 패인을 시간의 중요함을 깨닫지 못했던 탓이라고 지적하고 있다.

그의 탁월한 결단력은 리보리 전투에서도 위력을 발휘했다.

'천하를 가르는 큰 전쟁이 될 것이다. 그렇다면 작전을 수정하지 않으면 안 된다.'

이처럼 결심한 나폴레옹은 적진에 잠시 휴전할 것을 제안했다. 그리고 몇 분의 휴식 시간을 이용해 다시금 작전을 세웠다. 그리고 그 몇 분의 결단을 통해 승리를 거두었다.

자신이 목표로 한 한 가지 일에 최선을 다하라

그러나 주변에는 결단의 중요성은 알고 있지만 실행에 옮기지 못하는 사람들이 부지기수다. 상상력에 비해 의지력이 약한 이들의 머릿속에는 항상 우아하고 황홀한 공상만 가득하다. 그들은 황홀한 환상에 너무 깊이 빠진 나머지 아무것도 이루지 못한 채 인생을 허비한다.

여기서 매킨토시를 보자.

에버딘 대학의 우수생이었던 매킨토시는 장래에 우수한 교수가 되리라고 촉망받는 학생이었다.

그러나 그는 결단력이 부족하고 우유부단한 성격 때문에 스스로 좌절하고 말았다. 그는 뛰어난 재능을 소유한 반면 변덕스러웠고, 한곳에 가만히 머물러 있지 못했다. 에버딘 대학에 입학했을 때는 정치학과 철학 사이에서 방황했고, 의학을 배우러 갔던 에딘버러 대학에서는 오전 중에는 정치학 공부를 하고 오후에는 법률 공부를 하는 등 우왕좌왕하며 시간을 소비했다. 또 병원을 개업했을 때는 환자의 수가 적다는 이유로 조급함을 느낀 나머지 얼마 안 가 폐업을 해버렸다.

그는 늘 바쁘다고 말하면서도 빈둥거렸고 이 일을 하겠다고 하면서 저 일을 했다. 한번은 정치가였던 친구 바코의 명성을 부러워한 나머지 정치학에 대한 불후의 명작을 남기겠다고 칩거하다가, 역사학에 마음이 끌려 도서관 주변을 맴돌기도 했다. 또 한번은 파렴치한 범죄에 충격을 받았다고 공언한 뒤 모든 사람들을 감화시킬 수 있는 도덕학에 관한 책을 쓰겠다고 소란을 피우기도 했다. 그는 단지 무너뜨리기 위한 계획을 세우는 데 여념이 없을 뿐이었다.

그렇다면 선천적으로 뛰어난 자질을 타고난 매킨토시는 어째서 재능에 걸맞는 인생을 보내지 못했을까? 그건 목표를 하나로 정하는 결단력과 일단 정하면 다른 것을 돌아보지 않는 집중력, 끈기 있게 진행하는 실행력이 없었기 때문이다.

그의 친구 바코는 말하고 있다.

"매킨토시만큼 뛰어난 재능을 가지고 있으면서도 거의 아무것도 성취하지 못했던 사람은 드물다. 나는 그의 재능을 아깝게 여기고 있으며 그가 대성하지 못한 것을 애처롭게 생각한다."

바코가 이 말을 할 당시 매킨토시는 한 논문에서 '유효'와 '유용' 중 어느 말을 사용할까를 두고 몇 주 동안이나 고민하고 있었다. 제임스 매킨토시는 마침내 자신의 뛰어난 자질을 펼쳐 보지도 못한 채 예순일곱의 나이에 세상을 떠났다.

사실 많은 사람들이 매킨토시처럼, 뚜렷한 족적을 남기지 못한 채 무위의 인생을 산다. 이를 경계하여 괴테는 다음과 같은 말을 남겼다.

"내가 존중하는 사람은 자신이 무엇을 하고 싶은가를 정확하게 아는 사람이다. 사람들 대부분은 자신이 정말로 하고 싶은 것이 무엇인지 알지 못할 뿐더러 설사 알고 있다 하더라도 잠깐 흥미를 보였다가 싫증을 낸다. 그들은 높은 탑을 쌓는 데 고작 주춧돌 몇 개를 놓는 기초공사밖에 하고 있지 않는 것이다."

인생을 우유부단하게 아무 목적도 없이 사는 사람은 우리 주변에도 얼마든지 있다. 만일 여러분도 그러하다면, 우선 자신이 무엇을 위해서 살고 있는가, 또한 무엇을 하려고 어디로 향하고 있는가를 헤아려 보아야 한다.

자신이 정말로 하고 싶은 것을 알고, 우유부단하게 사는 한 인생의 참된 즐거움을 얻을 수 없다는 것을 자각했다면, 자신을 확실하게 변모시킬 결단을 내리도록 하자.

콜롬부스는 거친 폭풍우와 선원들의 불평에도 굴하지 않고 강한 결단과 의지로 미지의 항해를 계속한 결과 전무후무한 대발견을 하지 않았던가.

강한 결단력과 의지는 삶을 지탱하는 큰 기둥이다

천연두를 예방하는 종두법을 개발한 제너의 스승인 영국의 의학자 존 헌터도 강한 결단력과 의지로 지위와 명예를 구축했다. 어려서 부친을 잃은 헌터는 이렇다 할 교육도 제대로 받지 못했고, 또 공부보다는 밖에서 노는 것을 더 좋아하는 소년이었다.

열일곱 살이 되던 해, 헌터는 가구점에 들어가 잔심부름을 하는 것으로 청소년기를 보냈다. 그러다가 가구 만드는 일이 적성에 맞지 않아 다른 일을 찾던 중 마침 친형 윌리엄이 병원을 개업해 형의 조수가 되었다.

일단 일은 적성에 맞았으나 전문지식이 없어 어려움을 겪은 그는 틈틈이 해부학 공부를 하며 자신의 결점을 보완했다. 당시 해부학 공부는 그에게는 다소 어려운 학문이었지만 형도 했던 일을 자신이 못할 리 없다는 오기로 계속해 나갔다.

그렇게 몇 년이 지나 그는 해부학의 기초를 익힐 수 있었다. 그는 여기에 만족하지 않고 이번에는 형을 뛰어넘기 위해 정식으로 의과대학에 진학했고 졸업할 무렵에는 해부학의 최고 실력자가 되어 있었다. 이어서 그의 실력을 인정한 형 윌리엄은 그를 병원의 공동 책임자로 공식 임명했다.

그러나 헌터는 공부에만 전념한 나머지 건강이 나빠져 시골로 요양을 가야만 했다. 그는 요양 중에도 해부학 외에 외과와 치과에 관한 전문 서적을 구해 공부를 게을리 하지 않았다. 그가 건강을 회복해 런던에 돌아왔을 무렵, 이미 그의 대학 친구들은 의사로 성공해 명성을 날리고 있었다.

그도 자력으로 병원을 개업하고자 했으나 경제적 어려움 때문에 난관을 겪었다. 투자자를 물색하기도 했지만 그의 실력이 알려지지 않은 이상 어느 누구도 선뜻 큰돈을 투자할 리 만무했다. 그는 일이 생각처럼 풀리지 않자 우선 생계라도 꾸려나갈 요량으로 대학에서 해부학 강의를 시작했다.

당시 의과대학을 지망한 학생들은 대부분 사회 풍조에 따라 학문보다는 사회적 지위에만 관심을 기울였다. 그는 이러한 생각을 가진 학생들에게, 의사로서의 사회적 지위보다는 건실한 기초 실력을 키워야 한다는 것을 강조하며 열의를 다해 학생들을 가르쳤다. 그러나 학생들은 그의 강의를 기피했다.

헌터는 강사로서 회의를 느꼈지만 이내 마음을 추스려 더 강한 의지로 자신이 믿는 바를 관철해 나갔다. 그는 작은 난관에 부딪혀 자신의 뜻을 쉽게 포기할 나약한 인간이 아니었다. 그런 강한 의지가 전해졌는지 얼마 지나지 않아 헌터의 평판이 높아지는가 싶더니 여기저기서 초청이 들어왔다.

그는 주변의 칭송에 개의치 않고 끊임없이 의학 공부에 정진했다. 그는 틈틈이 시간을 쪼개 동물학, 생물학, 해부학, 병리학 등 의학의 모든 분야에 몰두하였고, 저녁 식사 후의 선잠을 제외하고 하루 네 시간 이상 자지 않았다. 목표로 삼은 일을 완성하기 위해 그렇게 하지 않으면 안 되었던 것이다.

결국 헌터는 1만 점 이상에 달하는 해부학 표본을 남기고 세상을 떠났다. 그가 남긴 기능별로 분류된 동·식물기관의 표본, 동물학에 관한 3천 종 이상의 동물 박제, 식물 표본은 현대 의학의 기초가 되었다. 또한 그는 일반적 질병과 치료 후의 회복요법, 특이한 질병의 병리적 변화, 기능별로 분류된 여러 가지 질병의 병리학적 표본 등 말로 다 할 수 없는 가치의 유산을 남겼다. 헌터의 결의와 노력의 결정인 이 표본들은 이후 정부가 매입하여 런던 의과대학에 기증했다.

강한 육체에 강한 정신이 깃든다

성공에 이르는 올바른 결단력은 바란다고 해서 즉시 얻어지는 것이 아니라 피나는 노력에 의해 조금씩 습관화되는 것이다.

또한 이것도 건강이 뒷받침되지 않고서는 거의 불가능하다. 건강한 육신에 건강한 정신이 깃들듯 육체가 병든 사람은 마음까지 병약하다.

철의 재상이라 불린 비스마르크도, 철의 장군이라 불린 웰링턴 장군도, 철의 의지를 지닌 나폴레옹도 모두 병이나 피로를 모르는 강인한 육체를 가지고 있었다. 비스마르크가 만일 유약한 몸을 가지고 있었다면 독일 통일이라는 대업을 완수할 수 없었을 것이며, 웰링턴과 나폴레옹 역시 병약한 몸이었다면 그처럼 워털루에서 숙적으로 만나 역사에 길이 남을 명승부를 펼칠 수 없었을 것이다.

사람은 건강 상태가 좋을 때는 올바른 결정을 내려 정신적 난관이나 곤란한 일들을 손쉽게 헤쳐나갈 수 있다. 실제로 몸이 건강하면 마음도 쾌활해지고, 활력이 넘쳐 흐를 때는 아무리 어려운 일도 의욕적으로 할 수 있다. 반면에 몸이 아프면 기분도 저조해져 평소 간단히 처리할 수 있는 사소한 일에도 의욕을 잃게 된다.

성공했다고 생각하자마자 쓰러져 버리며 영영 자취를 감춰 버리는 사람들이 있다. 이들은 두뇌와 마음을 단련하는 일에는 열의를 보였으나 육체를 단련시키는 일에는 전혀 관심을 두지 않았던 사람들이다. '한쪽이 잘 있으면 다른 한쪽

자연은 자애로운 부모와 달라서
아이를 달래듯 기다리지 않는다.

도 잘 되어 있다'고 했다. 따라서 한쪽이 건강하려면 다른 한쪽도 건강해야 한다. 지식을 쌓는 데 열심인 사람은 육체를 가꾸는 시간을 소홀히 하기 쉽지만, 그것은 한쪽으로만 치우친 잘못된 생각이다.

에딘버러 교수는 건강하고 튼튼한 육체를 기르는 일이야말로 마음과 정신을 밝고 건강하게 하는 지혜라고 말한다.

"매일 최소 두 시간 정도 운동을 하라. 운동을 게을리하면 몸 속에서 병마가 자란다. 몸 속에 병을 키우는 것은 자연의 섭리를 거스르는 일이며, 그것이 계속되면 결국 자연이 당신의 생명을 거두어갈 것이다. 자연은 자애로운 부모와 달라서 아이를 달래듯 기다리지 않는다."

세상의 주인은
나 자신이다

토마스 칼라일은 가치 있는 삶은 "유별나게 재미있는 삶이 아니라 신념을 가지고 올바르게 사는 삶이다."라고 말했다.

'사람답다'는 말은 사람답지 않은 것을 행하지 않는 것을 말한다. 곧 사람다운 삶이란 올바른 생각을 가지고 양심에 부끄럽지 않은 행동을 하며, 그때 그때를 즐기면서 진지하게 사는 것을 말한다.

누구나 때때로 자신의 경솔함을 후회한다. 후회는 짧게 하되 같은 잘못을 또 저지르는 것도 어리석은 일이다. 어떤 판단을 내리기 전에 잠깐 멈춰서서 이것이 과연 올바른 행위일까, 사람으로서 부끄럽지 않은 행동일까 자문해 보면 어느 정도 잘못을 방지할 수 있다.

칼라일은 덧붙여 "하고자 하는 일을 행하기 전에 먼저 내 자신에게 부끄러움이 없는지, 그리고 다른 사람의 입장에서 보았을 때도 합당한지 곰곰이 헤아려 마음이 흡족하다면 실수가 없다."고 했다. 결단을 내린 일이 떳떳하다면, 설령 그것으로 인해 어떤 불리한 일이 생긴다 해도 정정당당한 자세로 곧바로 일어나서 다시 시작할 수 있다.

사람은 누구나 태어날 때부터 자유를 만끽할 권리가 있다. 그리고 모두가 하늘 아래 공평하다. 우리 모두에게는 각자 존귀한 존재 이유와 자유를 누릴 권리가 있지만 그렇다고 방종해서는 안 된다. 방종은 다른 사람의 자유와 권리를 침해하는 것은 물론이고 결국에는 자신의 존귀한 권리마저 위협하게 된다. 사회의 법과 질서 그리고 서로의 묵계 아래 인정하는 규범과 예의는 타인뿐만 아니라 스스로를 지키기 위한 하나의 방편이다. 무엇을 하든 자신의 자유라고 주장하는 몰염치한 사람들이 사회로부터 격리되는 것도 이 때문이다.

어떤 일에 있어 올바른 길을 찾으려면 '양심'에 따르라. 양심은 옳고 그름에 민감한 표지판이다. 양심은 하늘 아래서 가장 존엄한 것이며 양심이 제시하는 길만 묵묵히 따라가도 참다운 삶을 살 수 있다. 양심을 말살하는 행위는 불행만을 몰고 온다.

헨리워드 비처는 이렇게 말하고 있다.

여러분에게 진심으로 권고하고 싶은 말이 있다. 올바르지 못한 일, 불건전한 일은 애초에 생각하지 말라는 것이다. 불건전한 생각은 모든 악의 근원이다. 양심에 어긋나는 악한 일은 대체로 비현실적이다.
비현실적인 것을 기대하지 않으면 마음의 언저리에서 기웃거리는 악을 떨쳐 버리고, 온전하게 자신을 지켜낼 수 있다. 마음이 깨끗하지 않은 사람이 유혹에 빠져들면 결국은 타락의 길로 떨어질 뿐이다. 그런 의미에서 마음이 깨끗한 사람은 정말로 행복한 사람이다.

검은 것을 가까이 하면 검어진다

올바른 삶을 살기 위해서는 악으로 기우는 나쁜 생각을 하지 않아야 할 뿐만 아니라 나쁜 생각을 하는 사람들까지도 피해야 한다. 사람은 검은 것을 가까이하면 검어지고 붉은 것과 가까이하면 붉어지게 마련이다.

사람은 변화무쌍한 존재라 조금이라도 불건전한 생각을 하게 되면 그 순간부터 사물을 보는 눈과 사고방식이 변한다. 악에 물들 경우 확연하게 드러나지는 않지만 그때까지 자신을 건전하게 지탱했던 삶의 방식이 송두리째 흔들린다.

한번 마음이 흔들리면 지금까지 따뜻하고 포근했던 가정도 문제가 있는 것처럼 보이며, 서로 신뢰하고 사랑했던 부모 형제도 번거로운 대상밖에 되지 않는다. 그들은 그대로인데 내 눈에는 그들이, 마치 나를 죄인 취급하듯 기피하며 사사건건 트집을 잡으려 안달하는 것처럼 보인다. 그것은 상황이 아니라 바로 자신의 마음이 변했기 때문이다. 세상은 그대로인데 마음 하나 때문에 세상이 지옥처럼 느껴지다니, 이 얼마나 비참한 일인가.

이탈리아의 사회학자 알베로니는 《인간의 마음》이란 저서에서 다음과 같이 말했다.

마음은 설명할 수 있는 것이 아니다. 그것은 형체도 없을 뿐더러 존재하는지조차 의심스러운 불가사의한 실체다. 그러나 분명한 사실은 마음이 세상을 지배한다는 것이다. 마음은 세상을 지배하고 사람은 마음을 지배한다. 마음의 주인은 자기 자신이며 세상의 주인은 마음이다.

마음은 본래 색깔도 없고 선과 악의 경계도 없다. 그 주인이 원하는 바에 따라 가벼울 수도 있고 무거울 수도 있다. 가능하다고 믿고 있으면 가능한 것이고 불가능하다고 믿으면 불가능하다. 그 마음에 형체와 색깔을 부여하는 것은 바로 자기 자신이다.

사람은 마음을 조종할 수 있으므로 위대하다. 마음을 다스리지 못하는 사람은 스스로 번잡한 일을 자초하여 고통 속에서 발버둥칠 수밖에 없다.

진정으로 강한 것은 조용한 믿음이다

마음이 단련되어 있는 사람은 즐거움이나 평안함을 좇아 건전한 독서를 하거나, 보는 것만으로도 마음이 따뜻해지는 친구를 만난다. 그것들이 주변의 나쁜 유혹들을 물리치도록 도와주는 좋은 울타리가 되기 때문이다.

유혹을 이겨내면 그때까지 마음의 흐름을 막고 있던 장애물이 일시에 제거되고 평안이 깃든다. 그리고 진정한 자신을 발견하게 된다. 사소한 일에 흥분하거나, 작은 실수에 당황하거나, 별것도 아닌 일에 소란을 피운다는 것은 그만큼 약하다는 증거다. 진정으로 강한 자는 마음이 굳건하여 세상일에 온화한 자세를 견지한다.

요란스럽다고 강한 것은 아니다. 폭풍은 집을 무너뜨리고 나무들을 송두리째 뽑아 넘길 듯 사납게 으르렁거리지만, 지나간 자리에는 어수선함만이 남는다. 천둥이나 번개는 소란스럽기 그지없지만 조용한 대지의 힘과는 비교할 바가 아니다. 대지는 폭풍이 할퀴고 간 상처들을 아무렇지도 않게 원래의 상태로 되돌려 놓는다.

우리 인간도 마찬가지다. 요란스럽게 호들갑을 떠는 사람은 주변을 헝클어 놓을 뿐 어느 것 하나 제대로 완성하지 못한다. 그는 강한 것처럼 보이나 실상 가장 약한 자이다.

인류에게 진정한 번영을 가져다 준 사람들은 대부분 동요하지 않는 마음과 조용한 용기를 가진 사람들이었다. 그들의 끈기 있는 정신적인 싸움이 자유를 쟁취한 것이다.

그들은 스스로가 정의롭지만 힘겨운 싸움을 하고 있다는 것을 알고 있었다. 하지만 정의는 반드시 이긴다는 것을 굳게 믿고 있었으므로 조용한 신념을 붙들고 자신의 길을 개척해 갔다.

미국 남북전쟁 때 북군 병사들에게 전쟁 이후 반드시 보답이 있으리라는 신념이 없었더라면, 노예 해방은 한참 늦게 실현되었을 것이다.

종교 개혁에 불씨를 지핀 마틴 루터나, 생활의 모범적 경건주의를 표방한 토마스 아켐피스 같은 종교가들도 마찬가지다. 그들은 어떠한 반대나 위험 속에서도 자신감과 온화함을 잃지 않았다. 때문에 사람들에게 평화를 호소하고 사랑과 기쁨에 넘쳐 자신의 사명을 다할 수 있었다.

자신의 잘못은 깨끗이 시인하라

그러나 신념도 고집이 되어서는 안 된다.

지성과 교양이 뒷받침된 신념이라면 고집이 된들 상관없지만, 자신의 의견이 틀렸다는 것을 알면서도 바꾸지 않는 독선적 행위는 인간성을 하락시킬 뿐이다.

그런 이들은 자신만이 난관에 빠진 국가를 구할 수 있고 전쟁을 종결시킬 수 있으며, 당면한 문제를 해결할 수 있다고 떠벌린다. 그리곤 자신이 잘못되어 있을 때도 그것을 인정하지 않고 고집을 부린다.

지나치게 완고한 사람은 가까운 사람에게서조차 신뢰를 받지 못한다. 온통 고집불통으로 융통성이라곤 눈곱만큼도 없는 사람이 제대로 된 인생을 살아갈 리 만무하다.

이성적이고 바른 사람은, 자신의 생각이 틀렸을 때 깨끗하게 인정한다. 이런 사람은 이미 자기 중심이 확고하게 세워져 있어 어떤 상황에서도 사리 판단이 명쾌하다. 그는 지나간 과거에 연연하지 않으며, 항상 잘못과 실수를 거울삼아 새로운 사실을 받아들이려고 한다.

지금까지 인류의 진보는 새로운 생각을 받아들이는 마음에서 시작해, 그 생각을 실천해 본 결과 사리에 맞았는가를 반성하는 데서 결정되었다.

페르시아에는 "완고함에서 행복이 나오기 어렵고, 아집에서 지성이나 지력이 나오기 어렵다."는 격언이 있다.

자기의 의견만 집착하는 아집은 진실의 뚜껑을 막아 버린다. 행복을 추구하려면 진실의 왜곡을 미연에 방지해야 한다.

숨길수록 더 잘 드러난다

영국의 종교가 스파 존은 진실과 정의의 중요성에 대해 이렇게 말했다.

"진실의 길을 걷고자 한다면 갑옷으로 무장하지 말라, 진실이 곧 갑옷이기 때문이다. 정의라는 이름의 투구를 쓰면 적이 내려치는 칼날에 맞아도 살아 남을 수 있다. 정의와 진실로 튼튼히 무장하면 세상의 어떤 무기에도 상처 입지 않는다. 정의를 삶을 헤쳐 나가는 창으로 삼고 진실을 고난을 막는 방패로 삼아라. 정의란 이것이 올바른 일일까를 판단하는 양심이고, 진실은 그것이 옳지 않을 경우 그에 따르지 않는 것이다.

아무리 깊게 판단하여 내린 결정이라도 그 안에 미심쩍은 부분이 조금이라도 있다면 그에게 몸을 맡겨서는 안 된다. 만약 세상에서 가장 소중한 자기 자신에게 도움을 주고 싶다면, 누구에게나 인정받는 정의롭고 진실된 사람이 되어라."

마음속에 규정한 정의와 진실의 잣대가 자주 바뀌는 우유부단한 사람이야말로 한없이 가벼운 인간이다. 바람이 불 때마다 가지의 방향이 바뀌듯, 어제의 진실이 오늘에 이르러 거짓이 된다면 그 사람의 인생은 엉망진창이 된다. 이런 사람은 앞을 향해 나아갈 수 없으며 인간으로서 긍지를 느끼지 못한다. 그들은 지성이 결여되어 정신은 불안정하며, 인격이 모자라 거짓과 위선으로 가득찬 삶을 살게 된다.

반면 마음에 정의의 무게중심을 지닌 사람은 길을 잘못들 염려가 없다. 그들은 진실을 정신의 기둥으로 삼아 자신을 잃어버리지 않으며 살아가면서 종종 경험하는 혼란기에도, 여러 가지 의견들이 난무하는 폭풍우 속에서도 흔들리지 않고 자신을 지켜낼 수 있다. 올바른 것은 항상 이긴다는 신념이 있기 때문이다.

진실을 믿는 정의로운 사람은 두려움과 타인의 비난 없이 당당히 세상의 중심을 향해 걸어갈 수 있다.

고대 로마의 철학자 세네카는 말했다.

"진실을 지닌 자는 강한 사람이다. 그리고 그 진실에 정의의 힘을 더한 사람은 더 강한 사람이다. 희미한 것일수록 분명하며 숨기는 것보다 더 잘 드러나는 것은 없다. 따라서 확고한 신념을 기둥으로 삼아 오직 진실을 향해 나아가라.

4장

성공은 뿌린 대로 거두는 자연의 철칙이다

기적처럼 보이는 일도
아주 자연스러운 인과 법칙에 의해 발생한다.
특이하게 보이는 일들은
그저 당신이 그 인과를 모르기 때문이다.
당신이 그 법칙을 알면,
세상에 기적이란 없다는 것을 알게 될 것이다.

– 에밀 쿠에, 《자기암시》 중에서

자기 계발은
필생의 사업이다

 끊임없이 자기를 계발하지 않고서는 충실한 인생을 보낼 수 없다. 자기 계발은 인생 전반에 걸쳐 이루어지는 자기 수련이다.
 계발은 현재 자신이 불완전하다는 것을 인식하고 부지런히 결점을 보완하는 긍정적인 작업이며, 시간의 흐름에 따라 무뎌진 정신을 새롭게 연마하고 나약해진 마음을 추스르는 일이다. 그리고 시시각각 변화하는 환경에 적응할 수 있도록 지식을 쌓는 일이며, 행복하고 충실한 인생을 보낼 수 있도록 마음의 주인이 되는 일이다.
 이 거창한 필생의 사업은 오직 스스로의 힘으로 실천해야 한다. 넉넉한 가정도 좋은 학교도 이를 담보할 수 없다. 사실 아무리 좋은 환경에 있는 사람도 자신을 개척하지 않고서는 스스로를 고양시킬 수 없다.

부모의 무관심이나 경제적 여건으로 인해 학교 교육을 받을 기회가 없었던 사람들 중에도 자기 계발에 전력을 다함으로써 성공한 사례는 무수히 많다. 또한 부유한 환경에서 태어나 정상적인 학교 교육을 받고도 자기 계발을 태만히 하여 실패한 사람들도 많다. 인생에 있어 성공과 실패는 오직 스스로의 부단한 노력에 의해 결정되는 것이다.

성공을 일구어 명성을 얻는 사람들에게 있어 존경할 만한 것은 명성 그 자체가 아니라 그 명성을 얻기까지의 과정이다.

그러나 생존 경쟁이 치열한 삶의 현장에서 자신을 개선하고 앞날을 개척하는 일은 결코 쉬운 일이 아니다. 때때로 장해를 만나기도 하고 난관 앞에서 희망과 기력을 잃고 자포자기에 빠질 수도 있다.

이럴 때는 아주 가난한 가정에서 태어나 성공의 정점에 오른 사람들을 생각하자. 현재 사회에 공헌을 하고 있는 예술가나 학자 중에는 악조건을 극복하고 자신에게 어울리는 지위와 명예를 쟁취한 사람들이 많다.

'처음은 미약했으나 나중은 창대했다.'고 말하는 사람들은 강한 의지로 열악한 환경을 타개한 노력가들이다.

시간이 부족해 노력할 틈이 없다는 것은 한낱 변명에 지나지 않는다. 하늘 아래 우리 모두가 평등하듯 노력할 시간 또한 똑같이 주어져 있다. 노력하겠다는 의지와 '이제 더 이상 가능성을 썩히지 않고 성장할 것이다.'라는 각오만 있으면 시간은 얼마든지 있다.

양심은 행동의 감시 장치이다

자기 계발과 자기 성장에 있어 동기 유발은 잠자는 두뇌를 깨어나게 하는 마법의 묘약이다. 잠자던 두뇌가 활동을 시작하면 잠재 의식이 발동함으로써 인식의 폭이 넓어지고 가능성이 계발된다. 그러나 이러한 동기 유발도 필히 건전한 자극이어야 한다.

코페르니쿠스의 지동설을 증명한 이탈리아의 갈릴레이는 이렇게 말했다.

"동기 유발은 언뜻 보면 충동과 유사하지만 곰곰이 헤아려 보면 아주 복잡한 것이다. 이것은 인간 본질의 가장 깊은 곳에서 희망과 기대를 지배하거나 때때로 성공과 실패, 선과 악을 좌우하는 막강한 힘을 지니고 있는 것처럼 보이기도 한다. 충동은 지극히 본능적이고 순간적인 것이라 행동 방식에 따라 그 결과가 나쁠 수도 있다. 그렇다면 일단은 흔들리지 않는 잣대 하나쯤은 지니고 있어야 하지 않겠는가."

그리고 우리에게는 그 잣대로서의 '양심'이 있다. 양심에 따라 자연스럽게 행동한다면 누구나 자신을 통제할 수 있다. 그러나 때때로 공교롭게 양심이 마비되어 선악의 판단 장치가 작동하지 않는 경우도 있다. 주변의 달콤한 속삭임과 유혹들 때문이다. 흔히 말하는 불행이나 패배는, 대다수 양심의 경고를 무시하고 유혹에 빠져 행동한 결과다. 그러므로 유혹의 손길에서 벗어나려면 자신의 목적을 뚜렷이 인식하고 그 목적을 향한 수단이 정당한가를 수시로 점검해야 한다.

《올리버 트위스트》를 쓴 찰스 디킨즈는 버밍검 연설에서 이렇게 말했다.

무엇을 탐구하든 중요한 것은 양심의 소리다.

양심의 소리는 지루하고 싫증나는 것이지만 그 소리에 언제나 귀를 기울여야 한다. 솔직히 말해 내가 양심의 소리를 외면하고 보다 수월한 유혹의 속삭임에 빠졌다면 나는 없었을 것이다.

총명한 두뇌, 예리한 통찰력, 명철한 지혜 등은 원한다고 주어지는 것이 아니다. 그러나 양심의 소리를 따라가다 보면 노력한 만큼 얻는다는 더 큰 진리를 얻을 수 있다.

그 길에 지적인 자질을 지니고 있다면 더 없이 훌륭하지만 그렇지 못하다고 한탄하지는 말라. 한 뼘밖에 안 되는 척박한 땅을 일구는 가난한 농부가 하늘의 소리에 이끌려 무엇인가를 길러내듯, 누구나 양심의 소리를 따라가다 보면 적절한 때에 꽃이 피고 열매가 열리게 될 것이다.

두 마리 토끼를 다 잡는 일은 불가능에 가깝다

자기 혁신은 성공으로 가는 지름길이다.

자기를 혁신하려고 결심했으면 먼저 무엇을 어떻게 할 것인가를 결정해야 한다. 또한 이 결정을 위해 자신의 능력과 현재 위치를 냉정하게 점검할 필요가 있다.

나사못 하나도 제대로 조이지 못하는 기계공이 그리스어와 라틴어를 공부하는 것은 쓸모없는 일이다. 그는 우선 나사를 돌리는 손놀림을 숙달시켜야 한다.

항해사가 건축을 열심히 공부하는 것도 항해사라는 직업으로 본다면 시간 낭비다. 그에게 필요한 것은 바람을 제어하는 기술이고, 조수간만의 차이에 대한 지식이며 뱃길에 숨어 있는 암초의 위치를 파악하는 능력이다.

치열한 생존 경쟁 속에서는 무엇보다도 자기 분야에 대한 전문적인 지식이 필요하다. 복잡한 사회구조 속에서 분업의 중요성이 나날이 증대되는 것을 감안할 때 한 분야에 대한 깊은 지식은 훌륭한 생존 수단이 된다.

자신의 분야조차 파악하지 못했으면서 엉뚱한 일을 곁눈질하면 자칫 낙오자로 전락할 수 있다. 물론 여러 분야에 박식하면 상상력이 증대되어 간접적인 효과를 거둘 수는 있다. 그러나 그에 앞서 현재 자신의 위치와 그 위치에 맞는 능력을 판단하고 자기 가능성을 진단하는 일이 우선되어야 한다. 그렇지 않고 여타 분야에 눈을 돌리는 것은 자기 현시욕의 분출이며 결과적으로는 좌절과 괴로움만 생길 것이다.

시드니 스미스는 이렇게 말한다.

누군가는 이렇게 말한다. '자연과학과 인문과학의 모든 분야, 즉 화학, 수학, 기하학, 역사, 외국어, 철학, 윤리, 승마 등을 모두 배워라.' 이처럼 과거의 교육 방침은 '어떤 분야든 모르는 것이 없도록 하라.'였다.

하지만 시대는 달라졌고 나는 '모르는 것이 없도록 하라'는 말에 덧붙여 이 말을 하고 싶다.

양쪽을 다 얻으려다 한 가지도 얻지 못하는 상황을 경계하여, 알아야 할 것을 확실히 배운 뒤에야 다음을 배우라.

지식은 성공 지수를 높이는 중요한 요소다

모든 분야의 지식을 두루 섭렵할 수 있는 사람은 극히 일부에 지나지 않는다. 이들은 명석한 두뇌와 탁월한 이해력이라는 천부적인 소질이 뒷받침되어 있기 때문이다. 그 외의 평범한 재능을 소유한 보통 사람에게 단기간에 많은 지식을 쌓는 일은 무리가 따른다.

그래도 일에 대한 전문 지식 외에 짬짬이 작은 상식을 알아두는 것은 좋다. 역사나 국제 관계, 경제 등 실용적인 상식은 삶의 현장에서 전문 지식에 버금가는 효과를 발휘한다.

자신의 일에 필요한 전문 지식이 강물이라면 그 밖의 지식은 시냇물에 해당된다. 강과 시냇물은 바다라는 한 방향을 지향하여 함께 흘러간다. 작은 시냇물이 모이면 도도하게 흐르는 큰 강물이 되듯, 작은 지식도 잘 활용하면 자신의 분야를 더욱 공고히 만드는 버팀목이 된다.

여기 메어리 렘이라는 여성이 있다. 메어리 렘은 후에 위스콘신 주의 지역 유지가 되었지만, 처음에는 식료품 가게의 점원이었다. 그녀는 비록 작은 가게의 점원이었지만 물건을 파는 일에 큰 자부심을 가지고 있었다. 그녀는 판매에 대한 천부적인 재능이 있었고 즐겁고 진지한 자세로 자신의 재능을 살려 나갔다.

양쪽을 다 얻으려다
한 가지도 얻지 못하는 상황을 경계하여,
알아야 할 것을 확실히 배운 뒤에야
다음을 배우라.

처음에는 흥정을 할 줄 몰라 무척 힘들었지만 꾸준히 노력하여 판매술을 터득했고, 몇 년 뒤에는 판매에 필요한 여러 기법들에는 어떤 것들이 있는지를 깨닫게 되었다.

그녀는 가게 일을 마치고 집에 돌아오면 판매술에 관한 책을 구입하여 부지런히 읽었다. 맨 처음 그녀가 터득한 판매술은 손님 중에서도 좋은 손님이 있다는 것이었다. 가게에 드나드는 사람 중에서 좋은 손님을 식별해내고 그 손님과 충분한 유대관계를 맺을 수 있다면 매상이 높아진다는 이론이었다.

좋은 손님에 대해 그녀는 이렇게 말했다.

"같은 물건을 사는데도 손님들의 취향은 아주 다양합니다. 그 중에서 물건의 기능, 사용법, 그리고 효과와 다른 물건과의 관련성 등에 대해 비교적 소상히 알고 있는 사람이 좋은 손님입니다. 물론 물건을 고르는 데에는 까다롭지만 반면 그런 사람에게 물건을 팔면, 세세한 곳에까지 신경을 써야 하므로 주의력이 향상되고, 물건을 파는 사람도 좋은 판매자가 됩니다.

하여튼 나는 좋은 손님을 더 많이 확보하기 위해 다양한 지식을 쌓아야 한다고 생각했고 그 무렵 손에 잡은 책이 에드워드 기번의 《로마제국 흥망사》였습니다. 그 책은 로마 제국 융성기로부터 콘스탄티노플 함락까지 흥망의 역사가 3단계로 기술된 방대한 책이었습니다.

우연이었지만, 어느 날 좋은 손님 중에 학교에서 역사를 가르치는 교사 한 분을 만나게 되었습니다. 그는 가난해서 치즈 몇 조각밖에는 사지 못했습니다만 자주 가게에 들르는 사람이었지요. 나는 물건을 팔아야 한다는 본래의 내 임무보다 그와 로마 제국에 대해 얘기를 나누는 것을 더 즐겼습니다. 그는 가게에 들를 때마다 매번 다른 손님을 데리고 오더군요."

그녀는 손님과의 대화가 물건을 팔기 위한 단순한 요식 행위에 그치지 않고, 매상을 기하급수적으로 올리는 매개가 된다는 점을 착안하고 이후로도 꾸준히 색다른 분야를 섭렵해 갔다. 세월이 흘러 그녀는 판매술 분야에서 박식한 인물이 되었다.

훗날 메어리는 위스콘신 주에 백화점을 세웠고 자신이 터득한 판매기법을 직원들에게 전파했다.

메어리는 은퇴 무렵 이런 말을 했다.

"나는 직원을 뽑을 때 이력서를 보지 않았습니다. 학교에서 배운 지식은 허식에 가깝다고 생각했기 때문이지요. 다만 앞으로 판매에 관한 다양한 지식을 꾸준히 습득할 소양이 있느냐가 채용의 관건이었습니다.

 일단 채용을 하면 무엇보다도 판매원의 지적 수준을 높이는 데 투자를 집중했습니다. 당연하지만 내가 채용한 직원 모두는 판매에서만큼은 유능하다는 평판을 듣고 있습니다.

 지금 생각하니 지식을 높이는 일은 자신의 가치를 높이는 것과 동일했습니다. 자신의 가치가 높다면 성공의 가치도 높아지는 것입니다."

지식은 인생을 풍요롭게 하는 마음의 양식이다

 현재 자신의 일에 대한 전문 지식뿐 아니라 그 밖의 다양한 상식 또한 풍부하면 사회 생활은 보다 쉬워지고 생활도 풍요로워진다. 실제로 아주 적은 지식, 표면적인 지식만으로도 인생을 풍요롭게 할 수 있다. 예를 들어 천문학에 관한 지식 중, 지구를 도는 달의 인력에 의해 조수간만의 차가 생긴다는 상식과, 하늘에 펼쳐진 별자리와 별자리에 관계된 전설, 설화 등을 알고 있으면 다른 사람과 대화하는 데 큰 도움이 된다.

 또 예술에 관한 풍부한 지식은 아름다운 그림이나 조각을 감상할 때마다 기쁨을 선사한다. 음악은 사회생활을 발전시키고 즐거움을 더해 주며 이미 우리에게 없어서는 안 될 중요한 취미의 일부로 깊숙이 자리잡고 있다.

사회 심리학자들은 음악과 미술 등 예술에 관한 심미안이 높은 사람일수록 그 정신이 안정되어 놀라운 집중력을 발휘한다고 말한다. 우리는 우리의 삶 속에서 수많은 사람들과 부단한 소통을 한다. 이때 일목요연하게 자신을 표현하고 자신의 주장을 관철시키려면 논리학을 아는 것도 좋다. 논리학은 학문으로서 거창한 것이기 전에 우리의 하루 일과를 지배하는 작은 이론이기도 하다. 논리는 나타난 현상을 체계적으로 이해하고, 이해한 바를 말이나 글로 조리 있게 표현하는 기술이다. 그러나 우리들 대부분은 논리를 소홀히 하는 경향이 있다.

논리학은 일반인들이 접할 수 없는 거창한 학문이 아니다. 일상에서 보는 신문과 책에 조금만 주의를 기울여도 논리력이 향상된다.

맥밀란 출판사의 유능한 편집자인 헌팅턴은 정연한 논리를 익히기 위해 신문 기사를 정독하라고 권한다.

"대다수 사람들이 언어의 음독 연습을 소홀히 한다는 사실에 거듭 놀랐다. 신문에 게재된 말을 정확한 이해와 감정으로 읽을 수 있는 사람은 백 명 중 한 명 꼴이다. 상대가 전하는 바를 명료하고 알기 쉽게 이해할 수 있도록 신문기사를 또박또박 매일 소리내서 읽어 보라. 이 방법은 간단할 뿐 아니라 유익하고 재미있다. 이것이 버릇이 된다면 논리력이 향상되어 대인 관계에서 대화를 주도해 나갈 수 있다."

또한 글씨와 문장 연습도 중요한 기술 중 하나다.

학력이 짧든 길든, 사회적 신분이 높든 낮든, 글은 자신을 표현하는 훌륭한 수단이다. 그럼에도 글이나 말과 관계된 전문 분야에 종사하는 사람들조차 글의 표현을 소홀히 하는 경우가 있다. 유명한 시인 바이런조차도 자신이 쓴 원고를 읽기 전에 인쇄소에 문의하지 않으면 안 되었다고 고백하고 있다.

글씨를 정자체로 가지런히 쓰는 것도 중요하지만 그보다 중요한 것은 문장력이다. 문장력은 기교를 말하는 것이 아니라 상대방에게 자신의 의사를 글로 정확히 전달하는 실력이다.

최고의 문장가로 평판이 난 마콜레도 간결하고 자연스러운 단어만을 사용해 자기 주장을 펼치는 것으로 유명하다. 물론 마콜레는 명문장가답게 상대의 지적 수준에 따라 단어를 자유자재로 골라 문장을 꾸미는 솜씨가 비상했다. 마콜레 수준은 아니더라도 어쨌든 글은 내용을 가장 정확하게 전달할 수 있는 것이라야 한다.

사소한 대화에서도 지식을 쌓을 수 있다

대화나 상담 역시 자신을 향상시키는 수단이 될 수 있다. 그러나 그것은 지적인 상대와 진지하게 대화를 나눌 때뿐이다. 대화를 할 때는 꾸미려 하지 말고 겸허하게 경청하고, 분명하게 있는 그대로를 정확하게 말하라. 상대가 자신에게 무언가를 가르쳐 줄 수 있을 것처럼 보인다면 기꺼이 손을 내밀어라.

인격이 높은 사람은 이야기하는 상대, 함께 있는 상대를 감화시킨다. 따라서 인격이 높은 사람과 진지한 대화를 지속할 경우 생각과 행동이 세련되어진다.

그러나 상대방과 이야기를 나누려면 어디까지나 자신에게 정직해야 한다. 높은 인격이란 위장하는 것이 아니라 있는 그대로를 보여주는 것이기 때문이다. 말과 행동은 언제나 현재의 인격 정도를 가늠하는 척도가 된다.

특히 친한 사이라고 해도 함부로 말해서는 안 된다. 아무리 흉허물없는 사이도 성실한 말로 대화하지 않으면 신뢰를 잃게 된다. 또한 인격이 낮은 사람과 대화하는 것도 도움이 된다. 그에게 알고 있는 것을 진지하게 설명함으로써 스스로 성장하게 되기 때문이다.

예를 들어 교회의 목사는 목회 활동을 위해 사색을 많이

하는데, 설교를 들으러 오는 신자가 많으면 많을수록 사색의 폭이 넓어져 설교도 풍부해진다. 설교를 들으러 오는 신자가 많을수록 더욱 열심히 사색하게 되고 그 사색만큼 설교의 폭도 넓고 깊어진다. 사색으로 얻은 지식은 타인에게 나누어 주어도 결코 줄어드는 일이 없다. 오히려 두뇌가 기민해지고 지식의 양이 풍부해진다.

대화를 나눌 때 이야기하는 사람은 배우는 쪽에 더 가깝다. 자신이 부지불식간에 범한 오류를 상대방으로부터 지적받아 수정할 수 있기 때문이다.

토마스 쿠퍼는 《연옥의 탄생》에서 다음과 같이 말했다.

"남에게 감명을 주는 말을 하고자 한다면 끊임없이 연습하라. 가장 효과적인 연습은, 자신의 생각을 종이에 써서 암기한 뒤 되풀이하여 반복하는 것이다. 연설이란 굳이 원고 없이 자유롭게 말해도 상관없는 것이지만 나는 연설을 할 때면 언제나 심사숙고하여 초고를 쓰고 다시금 심사숙고하여 그것을 고쳤다. 처음에는 번거로웠지만 종래에는 되는 대로 이야기하는 사람에 비해 논리성과 표현이 풍부해지고 힘이 붙었다. 여러분도 이와 같이 하기만 한다면 반드시 조리 있게 자신을 표현할 수 있을 것이다."

자신을 향상시키는
방법

    가장 효율적으로 지식을 얻으려면 책에 의존하는 것이 가장 빠르고 정확하다. 책은 한 사람의 사상과 세상을 보는 안목, 그리고 도달한 학문 세계가 고스란히 담겨 있는 지식의 보고이다.

    인쇄술이 발달되지 않았던 과거에 책을 만드는 것은 보통 힘든 일이 아니어서 영주나 재산가의 지원 없이는 불가능했다. 마키아벨리도 메디치 가의 재정적 지원을 받아 《군주론》을 완성할 수 있었다. 그 시절에 책을 읽는다는 것은 그야말로 귀족적인 호사에 가까운 일이었다.

    그러나 요즘은 적은 금액으로도 얼마든지 좋은 책을 살 수 있게 되었으며 다양한 책들이 실시간으로 홍수처럼 쏟아진다. 따라서 책을 통해 자기 계발을 하려고 마음먹었다면 아주 손쉽게, 그리고 적은 노력으로도 책을 구해 읽을 수 있다. 아가일 공작이 말하는 정원사의 아들 스톤의 일화가 있다.

어느 날 공작이 저택의 정원에서 뉴턴의 불후의 명작인 《프린키피아》를 주웠다. 알고 보니 그것은 정원사의 아들 스톤의 것이었다. 공작이 물었다.
"이게 자네 것이라 했지? 그렇다면 자네는 기하학이나 라틴어나 만유 인력이나 뉴턴을 아는가?"
스톤이 대답했다.
"조금은 알고 있습니다."
"그런데 대체 어떻게 공부를 했나?"
스톤은 계속해서 대답했다.
"책을 읽을 수 있게 되자 그 다음은 아무런 문제가 없었습니다. 한때 집을 짓는 공사장에서 일한 적이 있는데 그때 어떤 사람이 자와 컴퍼스를 이용하여 계산을 하고 있었습니다. 저는 무엇을 하고 있느냐고 물었습니다. 그리고 그의 대답을 듣고 나서야 세상에 수학이라고 하는 학문이 있다는 것을 알았습니다. 저는 즉시 수학 책을 사서 공부했고 수학이 참 재미있는 학문이라는 것을 깨달았습니다. 좀더 깊이 파고들자 기하학이라는 학문이 있다는 것도 알았습니다. 공부를 계속해 가는 동안 이 분야에는 라틴어로 된 좋은 책이 있다는 것을 알게 되었죠. 그래서 사전을 사서 라틴어를 공부했습니다. 그리고 프랑스어로 된 좋은 책이 있다는 것도 알고 역시 사전을 보면서 프랑스어를 마쳤습니다. 제가 한 것은 그뿐입니다. 알파벳 자음과 모음 26개만 외우면 그 나머지는 무엇이나 읽고 배울 수 있습니다."

책을 통하여 생각의 힘을 길러라

지식을 얻기 위한 독서를 할 때는 진지함이 필요하다. 그렇지 않으면 시간 낭비에 불과하다. 또한 자신에게 맞는 책 내용과 그에 기준하여 가치를 판단할 줄 알아야 한다.

'읽을 가치가 있는 책'이란 흥미와는 별도로 집중하지 않으면 읽을 수 없는 책, 곧 대강대강 해서는 읽을 수 없는 책이다. 로크는 책을 읽는 목적을 다음과 같이 정의했다.

"책을 읽는다는 것은 돌덩이에 불과한 광석을 깨고 다듬어 보석을 주워 모으는 것과 같다. 그렇게 하자면 두뇌를 사용해야 하는 수고가 따른다. 두뇌를 완전히 사용해 읽으면 저자의 의도를 고스란히 건져내어 자신의 것으로 만들 수 있다. 책을 통하여 지식을 흡수하는 일이 거듭되면 보다 원숙

생각은
문제를 제기하고 해결책을 찾는 능력이다.

어려운 문제라 하더라도 쉽게 포기하지 않고
끈기 있게 생각하는 능력이야말로
자기를 다른 사람보다 우월하다고 확신시키는
유일한 것이다.

한 인격에 도달할 뿐만 아니라 사물을 주의 깊게 관찰하는 사고의 폭이 넓어진다."

로크의 말은 진리에 가깝다. 책의 가치는 생각하는 힘을 기르는 데 있다.

뉴턴 또한 "만유 인력의 법칙을 발견한 것은 책을 읽을 때 깊이 생각하는 버릇이 있기 때문이다."라고 말했다. 증기기관을 발명한 와트도 책을 통해, 한 가지 것을 완전하게 이해할 수 있을 때까지는 다른 것을 손에 대지 말아야 한다는 것을 배웠다고 이야기했다.

에드워드 기번도, 한 권의 책을 읽은 후에 그 책이 자기의 지식 체계에 어떻게 짜여들어 갔는가를 생각하는 습관에 도움을 받아 방대한 《로마 제국 흥망사》를 쓸 수 있었다고 말했다.

육체의 성장을 위해서는 음식물을 소화해야 하지만, 지적 성장을 이루기 위해서는 취득한 지식을 머릿속에서 완전히 소화시켜야만 한다. 책을 읽을 때 집중하여 생각하지 않는 사람은 단지 지식을 모방하고 있는 것에 지나지 않으며 진정한 의미로 지식을 소화했다고는 말할 수 없다.

예를 들어, 지구가 태양으로부터 상당히 떨어져 있다는 사실을 듣고 그대로 받아들이는 사람은 진정한 의미에서 '알았다'고 말할 수 없다. 그 말에 만족하지 않고, 어떻게 그 계산을 했는지를 연구해 그 방법을 공부했을 때 비로소 그 지식은 자기 것이 되는 것이다. 그렇게 되면 태양으로부터 출발한 빛이 지구에 도달하려면 8분이 걸리며, 목성까지는 40분이 소요된다는 좀더 심오한 광속의 원리도 이해하게 된다.

예를 들어, 뉴턴이 발견한 만유 인력의 법칙에 의하면, 공기가 없는 높은 곳에서 무거운 쇠구슬과 가벼운 새의 깃털을 동시에 떨어뜨리면 같은 속도로 떨어진다고 한다.

그렇다면 텅 빈 유리 용기에 동전과 종이조각을 동시에 떨어뜨려보아 그것들이 동시에 밑바닥에 닿는 것을 눈으로 확인한다면, 뉴턴의 발견은 자기의 발견이 되고 자기의 지식이 된다. 생각하는 습관에 대해 뉴턴은 이렇게 말했다.

"생각은 문제를 제기하고 해결책을 찾는 능력이다. 어려운 문제라 하더라도 쉽게 포기하지 않고 끈기 있게 생각하는 능력이야말로 자기를 다른 사람보다 우월하다고 확신시키는 유일한 것이다."

생각하는 능력이야말로 세상을 일으키는 원동력이다. 이 능력을 가진 사람, 이 능력을 키우기 위해 노력하는 사람은 아무리 짧은 시간이라도 소중히 다루고, 아무리 사소한 일에서도 무언가 하나쯤은 배운다.

생각의 힘은 세상 만물로부터 무언가를 건져 올릴 수 있는 마력을 지니고 있다. 우리의 두뇌는 용광로와 같은 것으로, 잡다한 정보를 모아 분류하고 솎아내어 쓸모 있고 유용한 지식만 거두어들인다.

독서로 얻은 지식을 지혜로 변모시켜라

이와 같은 책읽기는 자기 계발에 커다란 역할을 한다. 그러나 역사상 뛰어난 현인들 중에는 책에 의지하지 않고도 높은 경지에 도달한 사람이 있다. 실로 책이 없었던 시기에도 위대한 사상가는 존재하지 않았던가. 게다가 그들의 사상은 오늘날의 사상과 비교해 결코 뒤지지 않는다.

고대의 사상가들은 책이 흔하지 않던 시절에 태어나, 오로지 골똘히 생각하는 것 하나에만 매달려 퇴색하지 않는 사상의 경지를 구축했다.

행하는 모든 것이 지혜였다는 솔로몬도, 그 입으로부터 모든 지혜가 넘쳐 나왔다던 명철한 소크라테스도 사색을 통해 지혜의 최고 경지에 도달했다. 또한 우리들 주위에서도 꼭 필요한 책만 골라 읽고 나머지는 관찰과 이해를 통해 지혜를 획득했다는 사람을 얼마든지 찾을 수 있다.

에머슨은 이 경우에 대해 이렇게 말했다.

"지식과 지혜의 뿌리는 같지만 습득하는 방법에는 다소 차이가 있다. 지식은 책이나 스승 등을 통하여 배우고 익혀 머리 속에 갈무리해 두면 그런 대로 손색이 없지만, 지혜는 배운다고 얻어지는 것이 아니다. 습득한 지식을 효율적으로 활용하는 것이 곧 지혜이다. 그렇게 하자면 머리 속에 들어온 지식을 깊이 관찰하고 이해하여 가공하지 않으면 안 된다. 관찰과 이해를 통해 지혜를 획득한 사람들의 특질은 사려 깊다는 것이다. 이들은 지식을 지니기 위해 독서를 할 때에도 처음부터 끝까지 세세하게 읽고, 의문이 들거나 이해하지 못하는 부분은 그냥 지나치지 않고 골똘히 생각을 거듭해 지혜를 키운다. 독서의 목적은 지식을 습득하는 데 있지만 지혜의 폭을 확장하는 데도 도움이 된다. 지식과 지혜는 다 같이 소중한 가치지만 지혜로 탈바꿈되지 않는 지식은 싹을 틔우지 못하는 씨앗과 같다."

지식에 대한 정보가 흔하지 않던 시절, 사람들은 요모조모 세세히 뜯어보는 관찰을 통해 사물의 이치를 밝혀왔다. 피사탑의 천정에 달린 놋쇠로 만든 샹들리에는 항상 흔들리고 있었지만 대부분의 사람들은 그것을 아무렇지도 않게 여겼다. 그러나 갈릴레이는 그렇지 않았다. 그는 일정한 주기로 흔들리는 샹들리에를 통해 진자로 시간을 재는 방법을 생각해냈던 것이다. 또한 와트는 주전자의 뚜껑이 수증기에 밀려 올라가는 하찮은 현상을 골똘히 관찰해 증기 기관차를 발명했다.

 이처럼 사물을 관찰하고, 그 관찰한 것을 깊이 생각하는 습관을 가지게 된다면 여러분의 앞날은 경이로움과 매혹으로 가득찬 세계로 변할 것이다.

행복은 마음의 그릇에만 담을 수 있다

　자기를 계발하려면 두뇌를 연마하고 마음을 잘 관리해야 한다.
　두뇌 연마는 독서와 관찰 등, 사고의 폭을 깊고 넓게 확장시키는 데서 시작된다. 그러기 위해서는 시시하고 무의미한 생각, 특히 머릿속을 산만하게 하는 잡된 생각으로 두뇌를 혹사시키지 말아야 한다. 두뇌가 산만해지면 앞으로 전진할 수 없을 뿐만 아니라, 때로 정신이 불건전해지고 쓸데없는 말을 무심결에 지껄이는 실수를 범하게 된다. 게다가 언제까지나 자기 함정에 빠져 정신적 불구가 되고 마음이 방종해진다.
　마음과 두뇌를 잘 다스린다는 것은 쉬운 일도 아니지만 그렇다고 불가능한 일도 아니다. 만일 자신의 생각을 기록해 두는 습관을 기른다면 큰 도움이 될 것이다. 예를 들어 읽은 책에 대해 자신이 느낀 감정과 의견 그리고 그 이유를 적어두는 것이다. 이렇게 하면 의문을 제기하고 해결하는, 즉 생각하는 습관을 기를 수 있을 뿐만 아니라 그 책의 저자가 내세우는 주장과 그것을 펼치는 논리적 솜씨를 익히는 데도 큰 효과가 있다.

또한 그 기록을 가끔 들추어보면서 자신의 발전 과정을 이해하고, 저자가 제시한 이론을 그대로 따라함으로써 자기 표현법과 이해 방법 등을 향상시킬 수 있다.

마음에 담은 보석은 영원히 빛난다

그러나 어느 정도 두뇌를 연마했다고 해서 자기 계발이 완성되었다고는 말할 수 없다. 지능은 높아졌을지 모르지만 정신까지 높아진 것은 아니기 때문이다. 아무리 높은 지능과 폭넓은 지식으로 찬탄을 받아도 그 정신적 수준이 낮다면, 그것을 아는 가까운 사람들로부터는 사랑을 받을 수 없다.

정신적 수준이 낮은 사람은 애정이나 배려가 없고 또한 그런 사람에게 애정과 배려를 베푸는 사람도 없다.

인간은 정신 기능을 관장하는 마음과, 마음이 보내는 신호에 따라 움직이는 두뇌를 가지고 있다. 그 양쪽을 개발하고 조화시키는 일이야말로 자기 수양의 첫걸음이다. 명철한 두뇌에는 지식을 축적하고, 한없이 넓은 마음으로는 사랑과 지혜와 성실함을 담는 것이다.

명석한 두뇌를 소유했지만 마음의 격조가 떨어지는 사람은 이기적이고 냉혹하고 빈정거리기 쉽다. 또 지식이 아무리 풍부해도 감정을 조절할 수 없는 사람, 유혹을 이길 힘이 없는 사람은 품위가 결여되어 사랑과 추앙을 받지 못한다. 타고난 성격이 격하여 화를 잘 내는 사람도 마음의 수양을 쌓으면 온화해진다.

고대 로마 시절, 스토아 학파의 거장이었던 세네카는 모반의 혐의를 받고 죽음이 임박했을 때 이렇게 말했다.

"나는 평생 동안 많은 일을 태만하게 처리했다. 그러나 마음의 수양만큼은 게을리하지 않았다. 모반을 했다는 어처구니없는 혐의를 받고도 이상하게 마음만은 평온했다. 다시금 죽어야 한다는 연락이 왔을 때도 나는 침착할 수 있었다. 마음이 더없이 평온한 지금 진실을 밝혀 달라는 탄원도 귀찮게만 느껴진다. 나는 삶과 죽음의 경계를 마음으로 넘어섰다."

세네카는 평소에 마음을 단련시킴으로써 죽음의 공포까지도 담담히 이길 수 있었다. 그는 《도덕적 서한》에 이렇게 썼다.

침실에 들어가 불을 끄고 누우면 내 아내는 아무 말도 걸지 않는다. 내 습관을 알고 있기 때문이다. 그 시간 나는 그날 말한 것과 행했던 일을 곰곰이 되돌아 본다. 귀찮다거나 실수가 부끄럽다는 이유로 자신의 잘못을 찾는 일을 주저해서는 안 된다. 또한 설령 실수와 잘못된 행동을 찾아냈을지라도 설렁설렁 넘어가면 아무 소용이 없다. 나는 다시는 그런 과오를 저지르지 않도록 반성을 하고 되도록 냉정한 마음으로 스스로를 채근했다. 그러자 내 하루가 실수 투성이였다는 것을 알게 되었다. 그리고 같은 일을 두고, 집에서는 화를 내도 밖에서는 화를 내지 않는다는 것도 알게 되었다. 곧 상황과 기분에 따라 어떤 장소에서는 참을 수 없는 일이 어떤 장소에서는 참을 수도 있다는 것이다. 한 마디로 그 일을 참으려고 하면 능히 참을 수 있는 일이었다.

인류의 귀중한 문화 유산인 성서에는 반성으로 인격을 닦고 지혜로 절제를 이루고, 인내력과 사랑을 품을 것을 권장하고 있다. 이로써 진정한 천국을 이 세상에 실현시킬 수 있다는 말이다. 마치 재물을 탐하듯 자기 완성에 매진한다면, 모든 이들이 물질적 풍요로움과 비교할 수 없는 훌륭한 인격을 가질 수 있다.

우리는 동물처럼 단순한 본능에 의존해 이 세상을 살아갈 수 없다. 인간이 동물과 구별되는 것은 옳고 그름을 판별하는 마음과 생각할 수 있는 두뇌가 있기 때문이다.

마음을 수양하고 두뇌를 계발하는 목적은 자신을 향상시키기 위해서이다. 오늘날 우리가 누리는 물질 문명의 풍요는 모두 자연으로부터 빌려쓰고 있는 것들이다. 이처럼 빌려쓰는 것들은 엄밀한 의미에서 소유할 수 없는 것이지만, 지능이나 훌륭한 인격을 통해 다듬어진 마음은 영원히 자신의 것이 된다.

우리들의 진정한 재산은 자신 안에 있다. 그 이외의 재산은 잠시 소유하고 있는 것에 지나지 않는다. 우리가 삶을 마치고 흙으로 돌아갈 때 그토록 악착스럽게 모으려던 물질적 재산은 고스란히 남겨진다.

우리들의 인생에서 진실로 중요한 것은 무엇을 얼마만큼 움켜 쥐었느냐가 아니라 마음에 무엇을 담았느냐이다.

뜻이 있으면 반드시 길이 있다

물질 문명의 풍성한 혜택을 누리는 오늘날에도 과거와 마찬가지로, 두뇌 계발과 마음의 수양은 절대적인 성공의 조건

이다.

앞에서 소개한 《연옥의 탄생》의 저자 토마스 쿠퍼도 자기 계발의 의지와 노력이 인생에 얼마나 커다란 영향을 끼치는가를 잘 증명한 인물이다.

1800년대 영국 소설계의 기린아로 떠오른 찰스 킹즐리는 쿠퍼를 일컬어 '최악의 조건에서 막대한 독서량과 그칠 줄 모르는 자기 계발로 세상을 평정한 사람'이라 말한다.

쿠퍼의 집은 아주 가난했다. 그의 어머니는 힘든 일로 겨우 생계를 유지하면서도 어린 쿠퍼에게 항상 '뜻이 있는 곳에 반드시 길이 있다."고 가르쳤다. 그녀는 어린 아들의 노력을 돕기 위해 도서관에서 책을 빌려다 주었을 뿐 아니라 종이와 연필 등의 재료를 기꺼이 준비해 주었다.

쿠퍼는 열다섯 살 때부터 스물세 살 때까지 구두 수선공으로 일했다. 이는 생계를 위해 어쩔 수 없는 일이었고, 책을 가까이하면 장래가 열린다는 것을 알았던 그는 항상 손에서 책을 놓지 않았다. 우연히 케임브리지 대학 교수인 사무엘 리의 전기를 읽은 쿠퍼는, 이 훌륭한 학자가 가난을 극복하고 그처럼 성장할 수 있었던 것은 외국어를 집중적으로 공부했기 때문이라는 사실을 깨달았다.

그는 외국어를 공부하려고 결심했고 즉각 이를 실천에 옮졌다. 그는 일정 기간 동안에 라틴어, 그리스어의 기초를 배우고, 좀더 욕심을 내 존 밀턴의 《실락원》 전문과 셰익스피어의 4대 비극을 암기했다.

그의 노력은 실로 엄청난 것이었다. 그는 공부할 시간을 얻기 위해 매일 새벽 3시에 침상을 빠져 나왔고, 비탈진 언덕을 몇 킬로미터나 걸으면서 책을 읽었다. 일을 하는 도중에 정신을 잃고 의자에서 굴러 떨어지는 일도 종종 있었지만 공부에 대한 그의 열정은 멈추지 않았다.

이렇게 노력한 결과 그는 자력으로 런던에 진출하여 〈그리니지 가제트〉의 편집자가 되었다. 그러나 런던에서의 생활도 역시 궁핍을 면할 수 없었다. 심지어는 한 벌뿐인 외투를 팔아서 책을 사 읽기도 했다. 〈그리니지 가제트〉지와의 계약이 끝나자 다른 출판사에서 편집을 하는 한편 노동자들을 모아 가두 연설을 하기도 했다.

어느 날 쿠퍼는 시위대 앞에서 연설을 하고 있었다.

그날 연설의 주된 내용은, 하는 일 없이 빈둥거리다가 다른 사람이 노력하여 완성한 일을 빈정대기나 하고, 선량한 사람들이 성실하게 일하여 얻은 보수를 가로채 몸피를 불려가는 소수의 교활한 인간의 작태였다. 그는 자신이 편집 일을 했던 〈그리니지 가제트〉지의 기사를 예로 들어 이렇게 말했다.

"나는 기사 작성을 위해 꼬박 하루를 일하고, 다음 날도 그 글을 다듬고 고치기 위해 쉬지 않고 일을 했다. 이렇게 힘들여 완성한 기사를 보고 지각없는 몇 사람들은 이러쿵저러쿵 트집만 잡는다. 물론, 내용이 잘못되었거나 문장에 오류가 있었다면 인정할 수 있지만, 참을 수 없는 것은 그들은 단지 빈정대기 위해 내 기사를 흘려 읽었다는 것이다. 이제 나는 그들에게 말하고 싶다. 성실한 사람들이 피땀 흘려 이룩한 결과에서 부당한 이득을 취하지 말 것이며, 모든 것을 스스로 노력해 얻는 이 세상의 법칙에 순응하라. 만일 손끝 하나 까딱하지 않고 빼앗기만 하는 교활한 작태를 멈추지 않는다면 그야말로 성실한 사람에게 기생하는 기생충과 다름없다."

그의 연설을 들은 시위대는 점점 과격해져 폭동의 조짐까지 보였다. 쿠퍼는 폭동을 주동했다는 이유로 현장에서 체포되어 기소되었다. 법정까지 끌려가 그는 폭동을 선동한 것이 아니라 현실을 있는 그대로 전달한 것뿐이라고 항의했지만, 이는 받아들여지지 않았고 결국 그는 2년간 감옥에 갇혀야 했다.

그는 옥중에서 지독한 류머티즘에 시달렸지만, 조용히 사색을 하며 집필할 수 있는 절호의 기회라고 생각해 집필 활동에 들어갔다. 그때 완성된 책이 그의 대표작이라 할 수 있는 《연옥의 탄생》이다.

출옥 후 쿠퍼는 런던에 가서 신문 연재 기사를 쓰고 문학을 강연했다. 또한 틈틈이 종교학에 관한 우수한 작품을 출판해 학자로서 널리 이름을 떨치게 되었다.

그의 어머니가 말한 '뜻이 있으면 반드시 길이 있다.'라는 가르침이 증명되는 순간이었다.

5장

흐르는 시간을 역이용하라

실패에 대한 두려움은
거의 예외 없이 실패를 낳는다.
같은 방식으로 성공을 그리면 성공을 낳는다.
어떤 장애물도 극복할 수 있게 되는 것이다.

— 에밀 쿠에, 《자기암시》 중에서

시간은 무한정
기다려 주지 않는다

　부자가 되는 비결은 아주 간단하다. 어렵게 수중에 들어온 돈을 밖으로 나가지 않도록 꼭 쥐고 있으면 된다.
　그렇게 되면 돈은 한곳에 쌓인다. 적은 돈도 헛되이 쓰지 않고 절약한다면, 그리고 오랫동안 그것을 지속시킨다면 흡족히 쓰고도 남을 재산을 모을 수 있다. 재물이란 세상에 흩어져 있어 누구라도 마음만 먹으면 쉽게 수중에 넣을 수 있다.
　시간도 마찬가지다. 1분도 여러 번 뭉치면 금싸라기 같은 한 시간이 된다. 하루 24시간 중 마지막 1분을 적은 돈이라도 아껴 저축하는 절약가와 같이 악착스럽게 사용하면, 그 1분은 한 생명이 탄생하고 죽는 장구한 시간이 된다.
　그러나 우리는 이 사실을 알고만 있을 뿐 막상 시간 앞에 서면 그것이 마냥 남아돌 것이라고 착각을 한다. 눈 한번 감앉다 뜨면 사라질 짧은 인생이 영원히 계속되리라 생각한다.

시간은 무한정 주어지는 것이 아니다. 시간은 바람처럼 왔다가 바람처럼 사라져 가는 허망한 것이다. 이렇게 짧은 시간을 헛되이 보낸다면 종국에는 후회와 탄식만 남는다.

이탈리아 피렌체의 빈민 출신으로 예술 분야에 탁월한 업적을 남긴 레오나르도 다 빈치는 예술의 거장이란 명성에 걸맞게 시간을 잘 활용했다.

그는 〈최후의 만찬〉을 완성한 후 이런 말을 했다.

"이 그림이 완성된 것은 시간이 충분히 있었기 때문이 아니라 시간을 유효하게 사용했기 때문이다."

프랭클린이 발견한 아침의 경이로움

시간을 잘 활용하기 위해서는 무엇보다도 먼저 아침 시간을 가치 있게 이용할 줄 알아야 한다.

충분한 휴식을 취하고 막 깨어난 아침 시간은 생체 기능이 가장 활발한 때이다. 현대 과학을 다루는 대뇌 생리학자들도 일생을 좌우할 수 있는 중요한 영감을 아침 두 시간 동안에 얻는 경우가 많다고 말한다.

벤자민 프랭클린은 한 신문에서 '젊은이들을 위한 아침'이라는 제호로 파리에서 있었던 어떤 모임에서 열띤 토론을 벌인 후, 우연히 보게 된 아침 시간의 경이로움을 표현했다.

이윽고 킨케트 씨와 란게 씨의 새로운 램프가 소개되었다. 그 밝기는 칭찬 받을 만했지만 그 기름 사용량에 대한 의문의 목소리도 높았다. 만일 기름이 많이 필요하다면 그 램프를 쓸 이유가 없지 않은가. 나는 그에 대한 생각으로 가득 차 집으로 돌아왔다. 그리고 새벽에 잠자리에 들었지만 머리는 그 생각으로 가득 차 있었다.

어느새 깜박 잠이 들었다가 이상야릇한 소리에 눈을 떴다. 그때 나는 소스라치게 놀랐다. 침실 속이 빛으로 가득 차 있는 것이 아닌가. 순간 나는 램프 생각에 너무 골몰한 나머지 환상을 본 것이 아닌가 생각했다.

그러나 정신을 차리고 보니, 그것은 창으로부터 들어오는 햇빛이었다. 나는 일어나 빛의 정체를 보려고 창밖을 보았다. 그리고 마침 지평선에서 얼굴을 내밀기 시작한 장엄한 태양을 보았다. 태양은 느리지만 힘차게 솟아오르고 있었다. 처음에는 완강한 대지를 뚫고 다음에는 위에서 짓누르는 구름을 헤치고, 그렇게 육안으로도 확인할 수 있도록 당당히 솟아오르는 것이었다.

그때 뇌리에 퍼뜩 박히는 것이 있었다. 그것은 바로 시간은 흐른다는 것이었다. 한낮 중천에 떠 있는 태양에서는 전혀 느끼지 못한 태양을 밀어 올리는 시간의 힘. 그 경이로움!
벼락치듯 내 머리를 일깨운 그날의 감동을 나는 아직까지 잊을 수 없다. 나는 그 후로도 오랫동안 그 감동에 빠져 아침을 유쾌하게 보냈다. 그리고 그 유쾌하게 보낸 아침이 있었기에 오늘 인생의 저녁 무렵, 나는 이처럼 감당할 수 없는 영광을 맞이하게 되었다.

10년을 더 사는 방법

스코틀랜드의 출판 편집자인 윌리엄 챈버스는 시간을 철저하게 관리하기로 유명한 사람이다. 그는 시간에 대한 자신의 계산 방법을 이렇게 밝혔다.

'인생은 짧다.'라고 엄살을 부리는 사람은 수면 시간이 충분한데도 괜히 몇 시간씩 침대 속에서 뭉기적거리며 보내는 사람이다.
새벽 5시에 일어나는 사람과 아침 7시에 일어나는 사람의 생활 시간 차이는 양쪽이 같은 시간에 잠든다고 할 때 40년 동안 2만 9천 시간의 차이가 난다. 이것은 하루 8시간의 10년 분에 해당된다. 즉 5시에 일어나는 사람은 7시에 일어나는 사람에 비해 10년을 더 사는 것과 마찬가지이다.

이것은 누가 계산해도 알 수 있는 것이다. 침대에서 잠으로 허비하며 보내는 시간을 효율적으로 사용하면 인생은 더 즐겁고 의미 있는 것이 된다.

이 계산을 한 첸버스도 청소년 무렵부터 저녁 10시에 취침하고 새벽 5시에 일어나는 습관을 익혔다. 그리고 그 자신의 성공 비결을 아침 두 시간을 잘 활용했기 때문이라고 밝혔다.

좋은 하루를 보내려면 아침 시간을 활용하라

자유, 의지, 성결을 제창한 메더디즘의 창시자인 영국의 존 웨즐리도 새벽 4시에 일어나는 습관을 60년 동안 지속했다. 웨즐리가 수많은 책을 쓰고 메더디즘을 기초로 감리교를 조직해 전 세계 인류를 위해 공헌할 수 있었던 것은, 빨리 일어남으로써 얻게 된 아침 시간을 충분히 활용했기 때문이다.

신학과 성서 연구 분야에서 많은 공헌을 한 사무엘 클라크 박사도 웨즐리와 마찬가지로 새벽 4시에 일어나서 명상과 성서 연구에 몰두했다.

클라크 박사는 학생들에게 이렇게 말하곤 했다.

"아침에 빨리 일어나지 못하는 학생은 성인이 되어서 훌륭한 사람이 되기 어렵다. 또한 밤늦게까지 잠자리에 들지 않는 자는 생명의 촛불을 양끝에서 불태우는 것과 같으며, 온밤을 지새우는 자는 양초 한가운데를 빨갛게 달군 쇠로 누르는 것과 같다. 성공의 습관은 일찍 자고 일찍 일어나는 데서 비롯된다."

클라크 박사는 평생 일찍 자고 새벽 4시에 정확히 일어나는 습관으로 하루 일을 시작했다. 여기 그가 새벽에 얼마나 빨리 일어났는지에 대한 재미있는 일화가 있다.

어느 날, 출판사가 보낸 도서 목록 책자에서 에라스무스의 그리스어 판《성서》초판본을 발견한 박사는 다음 날 아침 재빨리 서점에 가 그것을 샀다. 조금 후에 가제트 박사가 같은 책을 사기 위해 서점에 도착했다. 그러나 책은 팔린 뒤였고 그것을 산 사람이 클라크라는 사실을 알게 된 가제트는 그 길로 클라크의 집을 찾았다.

"당신이 어떻게 그것을 손에 넣었는지 저로서는 이해하기 힘들군요. 나는 아침식사가 끝나자마자 바로 서점으로 갔는데 이미 팔렸다고 해서…."
"그렇습니까? 저는 아침식사를 하기 전에 갔다 왔습니다만."

훗날 클라크의 전기를 집필한 어느 작가는 첫 장에 이렇게 썼다.

클라크 박사는 보통 사람들이 잠을 자거나 여가를 즐기거나 농담으로 시간을 허비할 때 사색과 연구를 계속했다. 이것은 마치 농부가 날씨와 상관없이 밭을 갈고 씨앗을 뿌리는 것과 같다. 비가 온다고 씨앗을 늦게 뿌린 농부는 가을에 추수 양이 적기 마련이다.
아침에 빨리 일어남으로써 얻게 되는 혜택은 아침에 빨리 일어나는 자만이 알 수 있다. 한두 시간 일찍 일어나는 사람의 하루는 24시간이 아니라 26시간이 된다. 아침에 일찍 일어나면, 이처럼 생활 시간이 늘기도 하지만 더 나아가 생각지도 못한 부수적인 효과를 얻을 수 있다. 바로 생명의 활기와 인생의 충만감이다.

준비하지 않는 사람보다
준비하고 달려가는 사람이
더 빨리 목적지에 도착한다.

최선의 방책은 시간 절약이다

아침에 일찍 일어나는 사람의 삶은 건강하다. 그들은 그 시간이 자신의 인생을 건강하게 만드는 황금 시간대라는 것을 잘 알고 있는 사람들이다. 다른 이들이 침대 속에서 할 일 없이 웅크리고 있을 때 그는 벌써 깨어나 하루 일과를 준비한다. 준비하지 않는 사람보다 준비하고 달려가는 사람이 더 빨리 목적지에 도착한다.

1850년대 미국 전신전화협회에서 분석한 각 거래처의 경영 실태 조사 자료에는 이런 문구가 실려 있다.

아침 일찍 일어나 하루 일과를 준비하는 사업가치고 부실 경영을 하는 사람은 없다. 문제가 되는 회사는, 회사 책임자가 전날 밤 사업을 핑계로 흥청망청 시간을 허비한 후 늦잠을 자는 경우이다.

프랭클린은 자신의 자서전에서, 젊어서 인쇄소를 설립한 후 고전을 면치 못했던 사업 초기의 상황과 그 극복 과정을 이렇게 술회하고 있다.

인쇄가 힘든 일이라는 것을 알게 된 지역 주민들은 점점 나를 신뢰하지 않게 되었다. 더군다나 그 지역에는 이미 인쇄소가 두 개나 더 있었다. 많은 사람들은 이구동성으로 내 인쇄소가 망할 것이라고 말했다. 그러나 스코틀랜드 태생의 바이트 씨의 의견은 달랐다.

'프랭클린은 내가 지금까지 보아온 누구보다도 일을 잘한다. 내가 저녁에 상공회에서 돌아올 때도 일을 하고 있고, 아침에는 아침대로 모두가 일어나기 전에 자리에서 일어나 일을 하고 있었다. 그는 누구보다도 시간을 잘 활용하는 사람이다.'

바이트 씨의 지적은 고마웠지만 나는 그 말에 우쭐하지는 않았다. 나는 항상 그래왔던 것처럼 새벽에 일어나 인쇄소 경영에 대해서만 생각했고, 낮에는 아침에 구상한 일만을 계획성 있게 실천해 나갔다. 다른 사람들의 견해쯤은 아무래도 상관없었다. 나는 단지 내가 하고자 하는 바를 실천할 뿐이었다.

그리고 내가 가진 재산은 시간밖에 없었다. 물론 휴식을 위해 잠이 필요했지만 잠으로 보낸 시간은 되찾을 수 없다는 것을 나는 잘 알고 있었다. 시간 절약. 인쇄소를 안정시키기 위해 최선의 방책은 시간 절약뿐이었다.

시간이 흐르자 인쇄소는 안정이 되어갔다. 그것은 모두를 놀라게 했다. 그러나 나는 놀라지 않았다. 시간 절약이라는 최선의 방책이 상황 극복에 효과가 있으리라는 것을 나는 진작부터 알고 있었기 때문이다. 몇 달이 지나자 어떤 사람이 사무실에 찾아와 나를 '철학을 가진 경영자'라고 불렀다.

다음은 프랭클린이 금과옥조로 삼은 좌우명이다. 이 말은 수십 개 외국어로 번역되어 전 세계의 사람들에게 읽혀지고 있다.

"어제 밤 늦게까지 일했다고 해서 늦잠을 잤다면 그것은 끝장이다. 늦게 일어나 허둥지둥 여기저기를 뛰어다녀도 또다시 시간이 모자라게 된다."

시간을 두 배로 늘려
두 배의 인생을 산다

　시간 부족에 시달리는 오늘날, 아침 일찍 잠자리를 떨치고 일어나는 사람이 그렇지 않은 사람보다 성공 확률이 높은 것은 당연하다. 그렇게 함으로써 시간을 아껴 쓸 수 있기 때문이다. 이론적으로 그 사람의 하루는 일찍 일어난 시간만큼 더 늘어나게 된다.
　사람들은 아침에 빨리 일어나는 습관을 가지지 못했던 것을 종종 후회하면서도 이를 좀처럼 고치지 못한다. 그러나 악습을 바꾸는 데 거창한 노력이 필요한 것은 아니다. 아주 간단히 일찍 일어나기만 하면 되는 것이다.
　그리고 아침에 빨리 일어나는 습관은 일생 중 어느 시기에도 익힐 수 있다. 물론 습관을 익히는 것은 의지와 도전을 필요로 하는 대단한 싸움임에 틀림없지만 말이다.

《행복을 부르는 마법의 법칙》을 쓴 미국의 목사 존 토드는 이렇게 말한다.

"이 세상에서 무엇인가를 하고 싶다면 우선 좋은 습관을 익혀라. 습관은 귀중한 것이다. 만약 돈으로 살 수만 있다면 좋은 습관은 아무리 비싸도 비싼 것이 아니다."

실제로 토드는 빨리 일어나는 습관을 익히려고 때가 되면 저절로 소리를 울리는 장치를 시계에 설치했다. 그러나 오늘날에는 토드처럼 그러한 장치를 애써 만들 필요가 없다. 자명종 시계는 얼마든지 구할 수 있기 때문이다.

또 하나, 만일 당신이 자명종에 의존해 일찍 일어나는 습관을 들이고 있는 중이라면 우선적으로 내부의 달콤한 유혹을 냉정하게 뿌리칠 줄 알아야 한다. 습관을 바꾸기 위해서는 처절한 자기와의 싸움이 필요하다. 내부에 도사린 또 하나의 자신이 그야말로 처절하게 여러분의 의지를 꺾으려 할 것이기 때문이다.

그러나 이 싸움에서 이기기 위해 거창한 노력이 필요한 것은 아니다. 아주 간단하게, 눈을 뜨는 즉시, 이것저것 생각할 필요 없이 불쑥 일어나면 되는 것이다. 첫 싸움만 이기면 그 다음은 간단하다.

불행한 시인 휘트먼과 각별한 우정을 나누었던 박물학자

존 버로즈는 이렇게 말했다.

"습관을 고치기 위해 오늘 열심히 노력했다면, 내일은 오늘보다 조금 덜 노력해도 된다. 그리고 그것을 계속하면 어느 순간 그것을 싫지 않게 느끼게 되고 그 이후로는 대부분 즐겁게 할 수 있다. 아침 일찍 일어나는 일이 괴롭고 귀찮더라도 참고 계속하다 보면 극히 당연하고 즐거운 것이 될 것이다. 내 친구 휘트먼도 지금 몸에 젖은 나쁜 습성을 고치려고 안간힘을 쓰는 중이라 다소 불행해 보인다. 그러나 나는 알고 있다. 그도 천천히 좋아지고 있다는 것을."

자투리 시간을 모으면 거대한 성공의 탑을 쌓을 수 있다

이처럼 빨리 일어나 귀중한 시간을 얻었다면 그 시간을 헛되이 하지 않는 것도 중요하다. 성공한 사람들은 대부분 아침 시간에 그날의 계획을 세웠다. 계획은 일상적인 흐름에 준하되 돌발 사태에도 대비할 필요가 있다.

이 밖에 건강 유지를 위해 가벼운 운동을 해도 좋고, 정신적인 건강을 위해 조용히 명상을 할 수도 있다. 아니면 필요한 책을 골라 독서를 하는 것도 좋다.

아주 특이한 경우지만 일기를 써 보는 것도 좋다. 일기는 그날 생긴 일이나 느낀 감정 등을 가감 없이 적어 자신의 역사를 기록하는 일이다. 학교에서는 일기를 보통 그날의 반성을 위해, 그리고 잠자기 전에 쓰라고 가르치지만 굳이 그렇게 할 필요는 없다. 일기의 목적과 쓰는 방식이 딱히 정해져 있지 않은 이상 자기식으로 꾸준히만 쓰면 된다.

훗날 디트로이트에서 철강업을 경영한 리빙스턴도 아침에 일기를 썼는데, 그는 철공소에서 일을 하면서 쉬는 시간 틈틈이 단어장을 펼쳐 놓고 단어를 암기하면서 청년기를 보냈다.

사람들은 쓸모 없는 단어를 외우기보다 차라리 쇠와 관계된 기계에 대해 공부하라고 핀잔을 주었다. 그러나 나는 기계를 알기 위해 단어를 공부할 필요가 있다고 생각했다. 그래서 낮에는 공장에서 짬짬이 단어를 외웠고 밤늦게 돌아와서는 곧바로 잠자리에 들었다. 또한 시간이 많지 않았으므로 새벽에 일어나 전날 암기한 단어를 복습할 겸 일기를 썼다.

호수가 많아 수자원이 풍부한 디트로이트가 철강업의 적임지라는 것도 그때 생각한 것이다. 이해하지 못하는 사람도 있겠지만, 나는 '물'이라는 단어와 '철강'이라는 단어, 그리고 상쾌한 시간에 쓰는 일기에서 그것을 연상했다.

성공이란 하찮은 곳에서도 싹을 틔운다. 짧고도 하찮은 아침의 그 시간, 그리고 일을 하면서 얻는 그 하찮고도 짧은 시간에서도 성공의 실마리는 풀려 나온다. 작은 흙덩이가 모여 큰 산을 이루듯 자투리 시간도 모으면 많은 시간이 된다.

휴 밀러도 자투리 시간을 소중히 사용해 인생을 두 배로 산 사람이다. 젊어서 건축일 등 힘든 일에 종사해온 그는 "일하는 시간은 열심히 일해 충만함을 맛보고 쉬는 시간에는 공부를 함으로써 행복을 맛보았다."고 말하고 있다.

섬광이 하늘을 가르는 짧은 순간도 소중히 다루어라

목적이 없는 나태한 인간은 작은 시간에 신경 쓰지 않는다. 무엇인가 하고 싶은 것이 있어도 많은 시간이 필요하다고만 생각해 좀처럼 일에 착수하지 않는다.

그런 사람은 직장을 그만 두고 자신만의 자유시간을 갖지 않는 한, 그 일을 절대로 할 수 없다. 아니 장기간 실업 상태에 빠져 시간이 남아돌더라도 다음으로 미룰 것이다. 그는 그 동안 시간을 아끼고자 노력하지 않았으므로 시간을 아껴 무엇인가를 이룩했을 때의 기쁨을 알지 못하는 것이다.

뉴 캐슬 경은 이렇게 말했다.

소년은 앞으로 꺼내 쓸 수 있는 시간이 무한정 많다고 생각하지만 그것은 착각에 불과하다. 청소년기에는 살아갈 날이 좀더 많아 시간이 더디 오지만 정신없이 청년기를 보내고 장년기에 이르면 시간은 무섭게 빨라진다. 시간은 젊은이와 늙은이를 구별하지 않고 재빨리 다가와 아주 잠깐 얼굴을 내비치고는 또다시 재빨리 왔던 곳으로 돌아간다. 섬광이 하늘을 가르는 듯한 그 짧은 순간 앞에서 우물쭈물 망설이기만 하다가는 시간이 할퀴고 간 상처에 고통을 받게 된다.
나는 그 짧은 순간 겨우 한 가지 일밖에 하지 못한다.

'나는 한 가지 일밖에 하지 못한다.'는 뉴 캐슬 경의 말은 옳다. 하나의 일이 끝나야 또 다음의 것을 시작할 수 있기 때문이다. 짧은 시간 속에서 이것저것 다 하려 드는 사람은 아무것도 이루지 못한다.
직업이나 학교 공부도 마찬가지다. 흥미가 없고 싫증이 났다는 이유로 다른 분야에 손을 댈 경우 대부분 중도에서 그만두게 되어 그동안 쌓은 노력조차 물거품이 된다.

공상으로 덧칠된 꿈은 이루어지지 않는다

이익과 즐거움이 없고, 보탬도 되지 않는 일에 시간을 소비하는 것은 어리석다.

역사상에도 그런 인물이 있었다.

로마의 황제 네로는 바른 정치를 해야 할 때 자기 도취에 빠져 파국을 초래했고, 파르티아 왕국의 알카티우스 왕도 국정을 내팽개친 채 두더지 잡는 데 여념이 없었다.

로마 시내에 불을 지르고 불구경하는 취미가 있던 네로나, 두더지를 잡는 데에는 상당한 솜씨를 발휘했지만 국정 운영에는 서툴렀던 알카티우스는 끝내 나라를 망치고 말았다.

그것은 우리에게도 해당되는 이야기다.

"저 사람은 법 없이도 살 사람이어서 나쁜 짓을 하지 않는다."는 말을 듣는 것은 그다지 좋은 것만은 아니다. 우선 자신에게 유익한 것을 철저히 행하고 그 다음으로 다른 사람에게 이로움을 주는 것이 장기적으로 보면 보다 나은 일이기 때문이다. 건전한 취미는 좋지만 그것이 자신에게 이로움이 없다면 그 시간 낭비를 당장 그만두도록 하자.

신기루를 좇는 사람은 시간을 소중히 다루지 않는다. 그들은 공상 속에서만 건물을 짓고 그림을 그리고 책을 읽으며 성공을 거둔다. 그리고 그렇게 비현실적인 공상에 빠져 있을

시간은
젊은이와 늙은이를 구별하지 않고
재빨리 다가와
아주 잠깐 얼굴을 내비치고는
또다시 재빨리
왔던 곳으로 돌아간다.

때는 행복하지만 눈을 뜨면 현실에서는 불행하기 그지 없다. 공상가가 가장 비참할 때는 공상에서 깨어나 공허한 현실을 만날 때다.

현실의 세계에 집을 짓고 재산을 쌓으며 명실상부한 성공을 이룬 사람들은, 공상가들이 꿈을 좇고 있던 사이에 현실을 직시하고 확실한 꿈에 기대어 노력했던 사람들이다.

시간을 최대한으로 살리려면 자신이 하고자 하는 일이 공상으로 색칠되어 있지는 않은지 꼼꼼하게 살펴야 한다. 그리고 그것이 현실적인 것이라면 사용할 수 있는 모든 시간을 그 목표에 온통 쏟아 부어야 한다. 마음먹은 대로 행하려 해도 잘 되는 경우가 적은 이 세상에서, 공상이 묻어 있는 꿈만큼 거추장스러운 것도 없다.

오래 산 사람이 꼭 더 행복한 인생을 살았다고는 할 수 없다. 대개 우리는 흐르는 시간에 따라 단조로운 생활을 계속 하고 있을 뿐이다. 이런 세상에서 한 시간을 잘 활용하는 사람은 일상을 덧없이 보낸 사람보다 두 배의 삶을 사는 셈이다.

시간의 흐름을 느끼지 못한 채 자신의 가능성에 눈을 돌리지 못하면 존재 이유마저 불투명해진다. 그런 사람은 시간을 헛되이 사용함으로써 눈앞에 펼쳐진 기회를 놓치고 만다. 그리고 마침내 생명이 다하는 순간, 마치 이 세상에 존재하지 않았던 것처럼 잊혀져 버린다.

행복을 만드는 습관은
좋은 생각에서 비롯된다

베이컨은 《수상록》에서 이렇게 쓰고 있다.

"많은 예에서 볼 수 있듯 습관은 몸과 마음에 매우 큰 영향을 주어 인생 전체를 좌우한다. 따라서 좋은 습관을 기르는 것은 무엇보다도 중요하다."

많은 사람들이 의지만 있으면 모든 것을 성취할 수 있다고 생각한다. 그러나 그것은 일부는 맞고 일부는 틀리다. 성취의 시작은 의지이지만 성취의 과정은 노력과 습관의 몫이다. 과정을 건너 뛰어 시작과 결과만을 생각하는 사람은 습관의 힘을 간과하고 있는 셈이다.

행복과 성공은 그 과정이 깊어짐에 따라 습관의 영향을 받게 된다. 습관은 분명 성공에 대한 그 자신의 의지를 지배한다. "한 가지 습관을 보면 그 사람을 알 수 있다."고 말하는 것도 그 때문이다.

'습관'이라는 말은 라틴어의 '갖는다'라는 말에서 파생되었다. 또한 '되돌려 받는다'란 뜻도 포함하고 있다. 다양한 경험과 시행착오를 거듭한 끝에 의지와는 무관하게 '되돌려 받아 갖는다'는 것이다.

습관은 보통 천천히 형성된다. 자연의 모든 법칙이 그러하듯 습관도 처음에는 한 방울의 물이었다가, 조금씩 쌓여 마침내 노도와 같은 강물이 된다.

'최대 다수의 최대 행복'이 인생의 목적임을 주창한 영국의 철학자 제레미 벤담은 《도덕 및 행복의 원리》에서 이렇게 썼다.

> 습관은 날개로 떨어지는 눈과 같다. 처음에는 소리도 없이 떨어지지만 알아차렸을 때에는 이미 나무를 집어삼킬 수 있을 만큼 쌓여 있다. 습관도 처음에는 눈송이와 같이 미약한 하나의 행동에 불과하다. 그러나 깨달았을 때는 꼼짝없이 복종해야 하는 거대한 힘이 된다.
> 눈이 쌓이면 작은 울림에도 눈사태가 일어나 사람을 다치게 하듯, 나쁜 습관이 모이면 그 하나 하나가 인생 전체를 상처 낼 수도 있다.

좋은 습관은 어렸을 때 기르는 것이 좋다

습관이란 동일한 자극이 지속적으로 이루어져 그에 대한 반응이 여러 번 반복됨으로써 무의식적으로 만들어지는 무형의 힘이다. 이 힘은 미약했을 때에는 보이지도 않고 느껴지지도 않지만, 의식의 표면으로 떠올랐을 때에는 완고한 형태를 갖춰 생각과 행동을 지배한다.

지금 이 순간에도 습관은 조용하고도 간단없이 생성되고 있다. 습관은 마치 물과 같은 것이어서 태만, 사치, 교만, 쾌락, 과욕을 품은 마음에는 차가운 얼음과 같은 나쁜 것으로 굳는다. 그리고 친절, 배려, 사랑, 자비, 선량, 성실을 품은 마음에는 따뜻한 온수와 같이 변한다. 그리고 나쁜 습관은 대개 좋은 습관보다 빨리 형성되어 무성한 그늘을 드리운다.

나쁜 습관의 예로는 알콜 중독이 대표적이다. 사람들은 술을 가까이하는 것만으로도 파멸의 구렁텅이에 미끄러져 들어간다는 것을 알고 있으면서도, 한 잔의 술, 그 유혹에 저항하지 못한 채 중독이라는 늪 속으로 빠져 들어간다.

좋은 습관은 이러한 나쁜 습관을 강하게 물리치는 가운데 생긴다. 한번 감미로운 유혹에 빠지면 다음에는 더욱 쉽게 빠지기 마련이다. 반면 그 유혹을 한번 어렵게 물리치면 두 번째는 보다 손쉽게 물리치게 된다. 이 일을 거듭하면 결국에는 좋은 습관이 몸을 지배한다.

그렇게 형성된 좋은 습관은 그 사람의 생각과 행동에 영향을 주어 끝내는 그 사람의 인생까지 변화시킨다.

지금 직장에 염증을 느낀다면 회사를 그만두고 싶다는 유혹과 싸워야 한다. 그렇게 유혹을 물리치는 과정에서 사사건건 싫증이 나던 일도 즐겁게 느껴질 것이다.

그것이 바로 습관이 지닌 힘이다.

칼라일은 습관에 대한 연구에서 마침내 다음과 같은 결론을 내렸다.

습관은 인간의 가장 예민한 부분에 작용하여 마음과 행동을 지배한다. 습관의 힘은 생각의 폭을 넓히는 자각을 끌어내는 동시에 돌이킬 수 없는 어둠을 끌어내기도 한다. 또한 습관은 무의식에 남아 있는 익숙한 것을 추종한다. 한번도 가보지 않은 목적지를 정해 그 길을 걸어가 보자.

우여곡절을 겪은 뒤 목적지에 도착한 후 지나간 길을 까맣게 잊을 즈음에 다시 되돌아가려 하면 아마 당신은 어느새 같은 길을 찾고 있을 것이다. 그쪽이 더 익숙하기 때문이다.

습관은 묘하게도 우리들이 인식하지 못하는 부분에 깃들어 있다. 따라서 일단 몸에 배면 좀처럼 떨어지지 않는다. 습관은 일에서나 대인 관계에서나 우리들의 일상을 지배하는 모든 것의 원천이다.

좋은 습관은 순백의 상태인 어린 시절부터 기르는 것이 좋다. 어렸을 때 몸에 밴 습관은 어른이 되어도 변하지 않는다. 그것은 마치 나무 껍질에 새겨진 글자와 같아 자랄수록 더욱 커진다.

습관이 보여주는 놀라운 힘

습관은 한 사람의 인생을 바꿀 만큼 위대한 힘을 발휘하지만 때에 따라서는 괴상한 행동의 원인이 되기도 한다.

이것은 케이즈 경이 들은 웃지 못할 이야기다.

"그 남자는 어부 일을 그만두고 집에 실물 크기의 갑판을 만들었다. 그리고 정원을 산책하는 대신에 그 위를 산보했다. 인디언과의 전쟁에서 공병 일을 감독했던 벤자민 프랭클린도 땅위에 모포를 깔고 자는 습관 때문에, 자택으로 돌아가서도 한동안 거실 바닥에 모포 한장을 깔고 누워야만 잠을 잘 수 있었다. 북극 탐험가인 로스 선장과 그 승무원도 눈 위에서 자는 것이 습관이 되어 안락한 침대 위에서는 좀처럼 잠을 잘 수 없었다."

호라티우스는 "습관이란 새 나무통이라도 잘 익은 좋은 포도주로 채우면 오래도록 좋은 향기가 가득 차는 것과 같다."고 했다.

정신적인 것이든 육체적인 것이든, 습관은 좋은 것이어야 한다. 좋은 습관을 기르는 법은 의외로 간단하다. 그것이 행운을 불러온다고 확신하며 스스로를 경계하는 것이다. 매일 반복하는 것이 지루할 수도 있지만 일단 익숙해지면 즐거운 것이 된다.

에머슨도 습관에 대해 이와 비슷한 말을 했다.

"덥다고 해서 무작정 피서를 가는 사람은 점점 더위에 대한 저항력을 잃게 된다. 말하자면 고통을 피함으로써 그만큼 고통을 배가시키는 셈이다. 만약 반대로 행한다면 반대의 결과가 만들어지리라."

능력의 한계를 벗어나기 위한 좋은 습관들

존 토드는 목회자로서, 사회의 일원으로서 충실한 삶을 산 사람이었다. 그는 평생을 타인을 위해 헌신하며 보냈으며, 특히 젊은이들에게 꿈과 희망을 심어주는 데 주력했다.

습관이란
새 나무통이라도 잘 익은 좋은 포도주로 채우면
오래도록 좋은 향기가 가득 차는 것과 같다.

그는 사람의 가치를 결정하는 것은 마음이며 마음을 결정하는 것은 습관이라고 주장하며 좋은 습관을 기를 것을 강조했다.

다음은 그가 자신의 저서 《행복을 부르는 마법의 법칙》에서 제시한, 올바른 인생을 위해 반드시 익혀야 하는 습관들이다.

1. 매일 계획을 세우는 습관
2. 포기하지 않고 노력하는 습관
3. 인내를 기르는 습관
4. 시간을 아끼는 습관
5. 일찍 일어나는 습관
6. 만나는 사람, 모두로부터 무엇인가를 배우는 습관
7. 생각, 행동에 자기 나름의 기준을 갖는 습관
8. 무엇이든지 성실히 처리하는 습관
9. 감정을 억제하는 습관
10. 정확한 판단을 하는 습관
11. 주변 사람들을 중요시하는 습관

좋은 습관을 만들기 위한 13가지 행동 규칙

벤자민 프랭클린은 시간을 절약할 것, 일을 체계화할 것 등 자기 향상과 행복을 위해 좋은 습관을 만들고자 했다. 아래 내용은 그의 자서전 일부이다.

나는 도적적으로 완전한 인간이 되겠다는 대담하고 장대한 계획을 세웠다. 내 자신의 성격이나 습관의 유혹에 지지 않음으로써 어떠한 실수도 범하지 않고 살아가고 싶었던 것이다. 나는 스스로 선악의 판단 기준을 세워 선을 행하려 했다. 그러나 얼마 지나지 않아 중요한 사실을 깨달았다. 선에 마음을 집중하고 있으면 악에 대한 저항력이 사라진다는 점이었다. 머리로 분별하는 이성보다 타고난 감정이 강했고 악은 그렇게 슬그머니 찾아온다.

나는 도덕적으로 결점 없는 인간이 되는 것만으로는 인생의 성공을 거둘 수 없다는 것을 알았다. 또한 그 정점에서 같은 크기로 버티고 있는 악을 퇴치하고 생각과 행동의 규범이 되는 좋은 습관을 확립하는 것이 얼마나 중요한가도 알았다.

프랭클린은 생각과 행동의 규범이 되는 좋은 습관으로 다음 13가지를 꼽았다.

1. 질서 소유물 전체를 가지런히 정리한다. 모든 일에 시간을 정한다.
2. 결단력 가능하다고 판단되는 일은 반드시 행한다. 반드시 성공시킨다.
3. 근면 한순간도 헛되어 하지 말고 항상 부지런히 일한다. 불필요한 행동은 하지 않는다.
4. 성실 거짓말을 하지 않는다. 남을 속이지 않는다. 나쁜 것은 생각하지 않는다.
5. 절제 너무 많이 먹지 않는다. 너무 많이 마시지 않는다.
6. 온화 사악한 감정은 갖지 않는다.
7. 검약 돈은 써야 할 곳 외에는 쓰지 않는다.
8. 품격 항상 뜻을 높게 갖고 말과 행동을 안정시킨다.
9. 정의 타인에게 상처를 주거나 타인에게 이익이 되는 것을 고의로 망가뜨리는 등 부정한 일은 하지 않는다.
10. 청결 몸도 옷도 집안도 깨끗히 한다.
11. 평정 사소한 것으로 마음을 어지럽히지 않는다.
12. 겸허 힘을 과신하지 않고, 작은 일에서도 배우는 자세를 잃지 않는다.
13. 침묵 모두를 위해 이익이 되는 말 외에는 말을 삼간다. 특히 칼로 찌르듯 날카로운 말은 하지 않는다.

프랭클린은 이상과 같이 13가지 항목을 정하고 이를 실천하기 위하여 다시 세부 항목을 만들었다.

"나는 백지에 세로 7개, 가로 13개의 선을 그어 91개의 칸을 만들고 세로에는 요일 명, 가로에는 그날 해야 할 13개의 목표를 적었다. 그리고 매일 이를 실천하면서 미비한 점을 따로 표시해 왜 그런가를 점검해 나갔다."

프랭클린은 이 세부 사항을 계속 실천해 나가는 한편 한 주에 한 번 전체를 세밀히 분석했다. 다음은 프랭클린의 세부 사항도의 일부분이다.

오전	5시~8시	기상, 세면, 운동, 아침식사, 오늘 할 일 계획하기, 의욕 가다듬기
		질문 : 오늘은 어떤 좋은 일을 할까?
	8시~12시	일하기
점심	12시~2시	독서 및 원고 검토, 점심 식사
오후	2시~6시	일하기
	6시~10시	정리, 저녁식사, 휴식, 취미 활동, 음악 감상, 하루의 반성
		반성 : 오늘은 어떤 좋은 일을 하였는가?
밤	10시~5시	취침

성실과 배려, 선량함과 친절을 마음의 등불로 삼아라

이렇게 치열한 자기 관리로 행복한 삶을 살았던 프랭클린은 노년에 접어들어 이런 말을 했다.

처음에 나는 나를 이기기 위해 이 일을 시작했다. 때때로 원칙을 어긴 적도 있지만 괘념치 않고 계속했다. 그리고 내 자신이 상상했던 이상으로 결점이 많은 인간이라는 것에 놀랐다. 그러나 다행스러운 것은 그 결점이 서서히 고쳐지고 있다는 사실이었다.
그러면서도 끝내는 그토록 원했던 결점 없는 완벽한 인간이 될 수 없다는 것도 알았다. 이 깨달음을 얻은 것은 다행이었다. 그러나 나는 이를 생각하고 실행함으로써 아무것도 하지 않았던 것보다는 훨씬 진실한, 훨씬 행복한 인간이 되었다.
이것은 글씨 연습과 비슷하다. 반듯한 글씨를 여러 번 연습했는데도 좀처럼 교본과 같이 되지는 않는다. 그렇지만 연습을 계속하면 꾸준히 향상된다.
나는 올해 일흔아홉이다. 나는 이 나이가 될 때까지 행복한 인생을 살았다. 물론 신의 가호도 있었지만 무엇보다도 내 자신이 부단한 노력을 했기 때문이다. 신은 우리를 인도하지만 행동 하나 하나까지 세세하게 보살펴 주지는 않는다. 그 일은 전적으로 자신의 책임이고 자신의 의지이며 자신의 몫이다.

청춘의 시기를 막 지나는 젊은이들에게 이것을 당부하고 싶다. 살아가면서 어떤 곤란에 처할 때 훌륭한 삶을 살다 간 옛사람들이 어떻게 행복을 만들었는가를 생각하라는 것이다.

나는 장수했고 지금도 건강하다. 이는 '절도'를 잊지 않았기 때문이다. 또 오늘에 이르러 좋은 평판을 듣게 된 것은 '근면'과 '절약'을 실행했기 때문이다. 사회로부터 인정받고 명예로운 지위를 얻을 수 있었던 것은 '성실함'과 '정의'를 사랑했기 때문이며, 많은 잘못에도 불구하고 친구와 동료들로부터 호감을 얻었던 것은 앞의 13가지 행동 규칙을 세워 노력한 덕분이었다.

나는 진실로 많은 젊은이들이 성실과 배려, 선량함과 친절을 마음의 등불로 삼아 언제나 향기 있는 열매를 거두기를 간절히 바란다.

6장

인격은 제2의 자신이다

우리 자신을 만드는 것은 우리 자신이다.
환경이 아니다.

— 에밀 쿠에, 《자기암시》 중에서

삶을 윤택하게 해주는
무형의 힘

　우리들은 사회를 떠나서는 살아갈 수 없다. 사회적 성공 역시 서로 어울려 있을 때에만 성립되는 것이며, 혼자 동떨어져 있으면 이미 쌓았던 성공조차 무너져 버린다.

　개인의 행복은 서로 부대끼며 체온을 느낄 때 더욱 커지며 홀로 떨어져 있으면 반감된다. 인간은 서로 어울려 살지 않는 이상 성공도 행복도 꿈꿀 수 없다. 이것은 변하지 않는 자연의 철칙이다.

　물론 고독에도 좋은 면이 없는 것은 아니다. 혼자서 사색에 잠기거나 자신을 되돌아 보는 시간을 갖기 위해 때때로 고독에 빠져보는 것도 괜찮다. 그러나 고독은 일시적이어야 한다. 고독이 계속되면 삭막한 정신 상태의 폐쇄적인 인간이 된다.

인간이 친구를 만나 어울리고자 하는 것은 자연스러운 것이다. 아이들은 이 본능에 따라 무리를 지어 놀이를 하고, 이때 익힌 친구 사귀는 법과 우정을 지속시키는 법 등을 어른이 되어서도 활용한다.

옛날부터 "사귀고 있는 친구를 보면 그 사람을 알 수 있다."고 했다. 사람은 비록 독립적으로 살아가되 알게 모르게 주변 사람들의 영향을 받는다는 뜻이다.

어거스틴은 "나쁜 친구란 기둥에 박힌 못과 같다. 가볍게 박혀 있으면 간단하게 빼낼 수 있지만 깊숙이 박혀버리면 꼼짝도 하지 않는다. 억지로 빼려고 하면 멀쩡한 기둥만 상하게 된다."라고 말했다.

브레어도 비슷하게 말했다.

"어떤 친구를 선택하느냐에 따라 나의 모습이 판단될 뿐더러 더 나아가 나 자신의 성격도 좌우된다. 친구란 이상한 힘을 가지고 있어 만나고 대화를 나누는 도중 서로 닮아간다. 좋은 친구를 가지게 되면 자신의 성장에 더없이 좋은 기회가 되지만 좋지 못한 친구를 사귈 경우 나쁜 쪽으로 빠질 가능성이 매우 크다."

좋은 친구는 삶을 윤택하게 하는 인생의 동반자다

나쁜 친구란 자신에게 나쁜 영향을 주는 사람이고, 좋은 친구란 자신에게 좋은 영향을 주는 사람이다. 그리고 좋은 친구는 즐거움과 동시에 자극과 격려를 준다.

어느 작가는 비망록에 이렇게 쓰고 있다.

예를 들어 지난 5년간을 뒤돌아 볼 때, 어떤 음식을 먹고 무슨 옷을 입었는가, 어떤 집에서 살았는가 하는 것은 그리 중요한 문제가 아니다. 그런 것은 누구에게나 전체적인 차이가 없기 때문이다. 그러나 그때 자신이 어떤 신념으로 무엇을 하고 있었는가, 그리고 어떤 사람을 친구로 사귀고 있었느냐 하는 것은 매우 중요한 문제다.

친구란 서로 접촉하고 자극을 주는 관계로 서로를 부추기는 사람이다. 따라서 현명한 친구와 교제하면 인생도 그만큼 풍요로워진다. 현명한 사람은 현명한 사람을 친구로 사귀어 지식과 지혜를 더하고, 서로 이끌어 한 단계 더 높은 곳으로 올라간다.

베이컨은 이렇게 말한다.

친구처럼 보이는 사람들은 대개 친구가 아니다. 오히려 그렇게 보이지 않는 사람이 진짜 친구인 것이다. 이런 친구와 나누는 참다운 우정은 마음의 무거운 짐이나 괴로움을 덜어준다. 인간의 마음은 오묘하여 물리적인 힘으로는 열 수가 없다. 그러나 진정한 친구는 완고하게 닫힌 마음의 문을 활짝 열 수 있다. 진정한 친구는 슬픔과 불안, 고통 등과 같이 마음을 무겁게 짓누르는 것을 털어놓을 수 있는 사람이다.

세상에서 제일 좋은 친구는 부부이다

친구 중에서도 가장 좋은 친구는 지금 결혼해서 함께 살고 있는 배우자이다. 부부란 인생의 고락을 영원히 함께해야 할 삶의 동반자가 아닌가.

하지만 부부는 인생에서 최고의 기쁨을 주는 행복의 원천이 될 수도 있는 반면 참을 수 없는 고통을 주는 불행의 씨앗이 될 수도 있다. 어느 쪽이 될지는 애초부터 얼마만큼 서로를 소중히 보살펴 주는 상대를 선택하느냐에 달려 있다.

살아온 환경과 성격이 다른 두 사람이 삶의 한 부분을 함께 소유하면서 인생을 꾸려나가는 결혼 생활은, 자유분방함 속에서 서로를 갈망하는 연애와는 커다란 차이가 있다. 그럼에도 불구하고 많은 이들이 단지 연애 시절의 달콤한 감정에 눈이 멀어 결혼을 서두르고, 그 결과 인생을 불행으로 덮는 경우가 많다.

이들은 대부분 서로의 성격이나 취미도 모른 채 단지 육체적 쾌락에 현혹된 경우가 많다. 그러나 육체적 쾌락은 이내 시들해지기 마련이다.

그와 반대로 재산이나 외모에 관계없이 마음만으로 서로를 선택한 배우자들은, 역경이 닥쳐와도 서로를 위로하고 세월이 흐를수록 신뢰와 사랑이 두터워진다. 이러한 생의 동반자를 만날 경우 삶은 더없이 안락해지고 행복의 극치를 맛볼 수 있다.

친밀한 친구 관계는 서로의 인격을 존중하고 감정에 솔직해야 하며, 진심 어린 충고를 기탄없이 받아들이는 마음 자세를 가져야 한다. 하물며 서로의 몸과 마음을 허락한 부부 관계는 어떻겠는가. 특히 부부 관계에서는 친구 관계에서보다 더욱 조심하는 자세가 필요하다.

서로가 독립된 인격체라는 전제하에 인내와 관대함으로 존중하지 않는다면 동반자 관계는 무너지고 서로에게 상처를 주는 대립 관계만 남을 뿐이다.

프레드릭 브레머는 이렇게 말한다.

"대부분의 결혼 생활은 감미롭고 화려한 장밋빛으로 시작하지만 시간이 지나면서 정열은 퇴색해 마지막에 가서는 싱싱함이 사라진 낙엽만 남게 된다. 그것은 바로 결혼 전과 같이 상대방의 의견을 존중하지 않기 때문이다."

좋은 친구를 원한다면 먼저 좋은 친구가 되라

내 삶을 윤택하게 만들어 줄 좋은 친구와 인생을 함께할 동반자인 배우자를 선택하려면 무엇보다도 신중하지 않으면 안 된다. 단지 일시적인 감정에 이끌려 섣부른 관계를 맺는다면 무엇으로도 보상 받을 수 없는 치명적인 상처만을 안게 된다.

윌리엄 펜은 《고독의 열매》에서 다음과 같이 말했다.

나쁜 친구는 잔혹한 사람으로, 교제할 가치가 있을 때는 달콤한 유혹의 말로 상대를 이용하지만 이용가치가 없어지면 거들떠보지도 않는다. 그들은 친구가 곤란한 일을 겪게 되면 주저없이 그 곁을 떠난다. 이런 사람에게는 아무것도 기대하지 않는 것이 편하다.

그렇지만 좋은 친구는 모든 사람들이 떠났을 때 조용히 다가

좋은 친구를 가지고 싶다면
자신이 먼저 좋은 친구가 되지 않으면 안 된다.

아리스토텔레스도 우정의 본질은
받는 것이 아니라 주는 것에 있다고 하지 않았는가.

와 어깨를 토닥거려 주는 사람이다. 그는 자신이 하는 일에 생색내지 않으며, 친구가 곤경에 빠질수록 더 가깝게 다가와 어려움을 함께 한다. 이처럼 좋은 친구를 가지고 싶다면 자신이 먼저 좋은 친구가 되지 않으면 안 된다. 아리스토텔레스도 우정의 본질은 받는 것이 아니라 주는 것에 있다고 하지 않았는가.

영국의 시인 테니슨도 이렇게 말했다.

순조로운 처지에 놓여 있을 때는 굳이 구하지 않아도 친구는 모여든다. 그리 탐탁지 않게 여기는 사람까지도 얼굴에 미소를 띠고 '나는 당신의 친구다'라고 말한다. 그러나 일단 역경에 처하게 되면 대부분의 친구들은 곁에서 사라지고, 우연히 만나더라도 딱한 부탁이나 하지 않을까 하고 냉담한 태도를 취하기까지 한다. 역경에 처해도 변하지 않는 우정이야말로 참다운 우정이며 그런 우정은 매우 귀한 것이다. 평소에 마음을 터놓고 지낼 수 있는 참다운 친구를 사귀면 우리의 앞날은 결코 외롭지 않을 것이다. 만일 상대를 귀한 우정을 나눌 만한 친구라고 여기거든 먼저 그에게 참다운 우정을 보여주어야 한다.

정중한 예의와 상냥한 말씨로 사람을 움직여라

인생에 대한 진지한 자세가 훌륭한 인간을 만든다는 말이 있다. 뒤집어 보면 이 말은 자기 자신에게도 적용된다. 그러나 여기에서 말하는 진지함은 자기 자신은 물론 다른 사람에 대한 것이기도 하다.

'개인'은 존엄한 인격을 가진 독립적인 존재이자, 사회 속에서 서로 어울려 살아야 하는 상호 의존적 존재다. 실제로 부드러운 태도나 말씨 덕에 행운을 잡거나, 좀처럼 사귀기 힘든 사람과 친구가 되거나, 높은 지위나 명예나 재산을 손에 넣은 사람들도 종종 있다.

상냥한 태도나 사려 깊은 말씨가 어떻게 성공 요인이 되는가는 일상 생활에서도 흔하게 찾아볼 수 있다.

같은 물건을 파는 가게가 있다면 손님은 자연히 예의를 갖추어서 친절하게 대해 주는 쪽을 향하게 된다. 대인 관계도 마찬가지다. 인격이나 사회적 신분에 상관없이 상대를 대하는 태도는 그 사람과의 관계에 커다란 영향을 미친다.

에머슨은 이렇게 말하고 있다.

"사람을 만나 목적한 바를 이루기 위해서는 먼저 예의를 갖추고 말해야 한다. 어렸을 때부터 조리 있게 말하는 방법과 정중한 예의를 습득한다면 사람의 마음을 움직이는 능력과 행운을 이미 가진 것과 다름없다. 이 두 가지를 익히고 있다면 행운과 기회는 알아서 다가온다."

체스터필드 경은 《내 아들아, 너는 인생을 이렇게 살아라》에서 아들에게 다음과 같이 충고하고 있다.

그다지 현명하다고 할 수 없는 사람들, 또한 그 지혜로 평판이 자자한 사람들의 마음을 사로잡는 것은 언제나 조리에 맞는 대화법과 예의바르고 상냥한 자세다.

조그만 배려가 안겨준 행운

예의바르고 정중한 말씨를 지닌 사람은 삶에 대한 훌륭한 기술을 터득한 사람이다. 그는 그것만으로도 기복이 심한 인생길을 순탄하게 걸어갈 수 있다. 그리고 예기치 않은 행운을 만나 인생을 더욱 풍요롭게 장식할 수도 있다.

이탈리아 토리노에 한 영국 청년이 있었다.

어느 날 그가 토리노 시내를 산책하고 있을 때 마침 퍼레이드를 끝낸 기병대가 지나가고 있었다. 그때 행진 대열 속에서 한 장교가 비틀거리는 말 위에서 모자를 떨어뜨렸다. 그는 자신을 손가락질하며 웃는 구경꾼들의 시선에 당황하며 어쩔 줄 몰라했다. 그러나 청년만은 그를 비웃지 않고 모자를 주워 정중하게 건네주었다. 장교는 순간적으로 놀라움과 감사가 뒤섞인 표정을 지었지만 모자를 받아들자 곧바로 행진 대열에 합류했다.

그때 구경꾼들로부터 탄성이 터져 나왔다. 청년의 행동이 사람들의 마음을 움직였던 것이다. 퍼레이드를 끝마치고 돌아온 장교는 그 청년의 행동을 지휘관에게 보고했다.

시내 구경을 마친 청년이 호텔에 돌아왔을 때 그곳에는 기병대 지휘관의 부관이 대기하고 있었다. 그리고 청년을 기병대 본부의 저녁식사에 초대했다. 그날 저녁 청년은 당시 토리노에서 가장 호화로운 호텔로 안내되어 융숭한 대접을 받았다. 이 일이 계기가 되어 그 청년은 토리노에 머물고 있는 동안 영웅이 되었고 토리노를 떠날 때 이탈리아 정부로부터 훈장을 받았다.

이 청년은 무엇인가 대가를 기대하고 모자를 주워준 것이 아니었다. 만약 의도적인 행위였다면 그것은 칭송 받은 만한 일이 아니다. 그러나 그는 마음의 밑바닥으로부터 우러나온 선의로 그 모자를 주워 주었다.

이런 사람은 사실 이처럼 특별한 행위를 하지 않더라도 주위 사람들로부터 호의를 얻고 좋은 평가를 받는다. 사람들로부터 좋은 감정을 이끌어내는 재능은 그 무엇보다도 값진 것이다. 그런 사람에게는 부담 없이 마음을 열고 의논할 수가 있고 설령 부정적인 충고를 들었다 하더라도 마음이 상하지 않는다.

인격이야말로 성공을 위한 중요한 비결이다

인생에 대한 진지한 태도에서 비롯된 정중한 행동과 상냥한 말씨는 특별한 때만을 위한 것이 아니다. 평소에도 얼마든지 진지하게 살 수 있기 때문이다. 그러나 이러한 행동은 실상 '인격'이 어느 수준 이상 올라 있지 않고서는 불가능하다. 만약 주위 사람들에게 손가락질을 당하는 사람이 있다면, 아무리 재산이 많고 사회적 신분이 높다 해도 인격이 높다고 말할 수 없다.

인격은 사회 생활 속의 여러 가지 권리와 의무를 충실히 수행할 수 있는 정신적 자격이다. 따라서 사회적 신분 계층, 물질적 소유 격차와는 무관하다. 인격은 자율적 의지에 의해 형성되기 때문에 교묘한 처세술로도 위장할 수 없다. 진정한 인격이란, 어느 날 문득 초라한 행색을 한 누군가가 말을 걸

아름다운 행동에는 그림이나 조각 등
예술품에서 느낄 수 없는 아름다운 동작이 있다.

이것이야말로 예술 중의 예술이다.

그러나 진정으로 아름다운 예술은
타인을 감동시키는 마음이다.

어 왔을 때, 마음에서 우러나온 대답을 하고 오만하지 않은 태도를 보여 주는 것이다. 그런 사람은 오늘은 비록 한 조각의 빵을 위해 일하고 있지만, 내일이면 훌륭한 인격에 걸맞는 사회적 신분을 획득하고 큰 재산을 소유하게 될 것이 분명하다.

마음은 인격이 머무는 집이다

인격은 또 하나의 자신이다. 인격은 이 세상을 지탱하는 힘이며 물질적 성공보다 앞서는 근원적인 행복이다. 그러므로 인격이 바탕되지 않은 사회적 성공은 오래가지 못한다.

프랭클린은 이런 말을 했다.

"어쨌든 나는 내 인생에서 성공과 행복을 맛보았다. 어느 정도 인생을 걸어온 지금 나는 가장 겸허하고 진지하게 이런 말을 하고 싶다. 나는 부자라는 말을 듣기보다 친절한 사람이라는 말을 듣고 싶다. 또한 사회적 신분이 높아 우러름을 받는 사람이기보다는 인격이 높아 존경할 수 있는 사람이란 평가를 받고 싶다."

인격은 감각적으로 보여지는 외면이 아닌 마음으로부터 스며나오는 무형의 아름다움이다. 에머슨은 《수상록》에서 아름다운 마음을 이렇게 표현했다.

"아름다운 외모보다는 아름다운 자세가 더 좋은 것이다. 또한 아름다운 자세보다 더 좋은 것은 아름다운 행동이다. 아름다운 행동에는 그림이나 조각 등 예술품에서 느낄 수 없는 아름다운 동작이 있다. 이것이야말로 예술 중의 예술이다. 그러나 진정으로 아름다운 예술은 타인을 감동시키는 마음이다."

아무리 행동이 아름다워도 마음이 아름답지 않으면 그건 진정한 아름다움이 아니다. 본래 비천한 마음과 조잡한 인격을 가진 자는 아무리 숨겨도 그 천박한 본심, 거칠고 잡스러운 생각을 감추지 못한다. 마음은 아무리 빈틈없이 위장해도 그 태도와 분위기에서 금방 드러나고 만다. 그러므로 사람을 만날 때는 순수한 마음으로 친절과 예의를 다해야 한다. 거기에다 높은 인격까지 갖추고 있다면 언제나 부드러운 대인관계를 유지할 수 있다.

인격이 높은 사람은 함께 있는 사람을 배려하고 타인의 곤란한 상황에 마음을 기울이며, 그 의견을 온화하게 존중해 준다. 그러나 수준 이하의 인격에 오만한 자는 친절과 배려, 존중과 동정을 입에 달고 다니며 그럴 듯하게 위장하지만 결국에는 들통나 외톨이가 된다.

이런 사람은 다른 사람이 말을 할 때는 집중하지 않다가 그것이 이익이라고 판단되면 안하무인으로 언성을 높인다. 지극히 자기중심적인 이런 사람은 타인의 불행을 자신의 행복인 양 즐기며 의기양양해 하기도 한다.

꾸미지 말고 자연스럽게 행동하라

사람은 누구나 다른사람들로부터 신망과 존경을 받기를 원한다. 그렇게 되려면 위엄과 자부심을 가질 필요가 있다. 그러나 그것이 지나치면 부작용을 낳는다.

다른 사람들로부터 존경과 사랑을 받는 사람은 때에 맞게 부드러우며, 때에 맞게 자존심을 꺾을 줄 안다. 이런 사람은 사람에 대한 예의를 아는 사람이다.

또한 그들은 있는 그대로 자연스럽게 행동한다. 억지로 꾸민 듯한 어색한 예의는 부자연스러워 보일 뿐이다.

겸손하면서 당당하고 명랑하면서 조심성 있는 태도는 많은 사람을 사로잡는다. 거기에다가 사적 감정이 개입되지 않은 순수한 마음까지 나타낼 수 있다면 그야말로 금상첨화다.

그러나 도덕적으로 완벽한 성인 군자가 아닌 이상, 지나치게 비굴하지도 않고 도도하지 않으며, 높은 인격을 갖추고 올바르게 처신하기란 여간 어려운 일이 아니다.

따라서 있는 그대로를 솔직하게 표현하되 마음으로부터 우러나오는 정중한 자세를 잃지 않는 것이 현실적으로 합당한 처신 방법이라 할 수 있다. 자신의 미숙함을 감추고 아닌 척하는 것보다는 모자란 그대로를 예의에 벗어나지 않게 표현하는 것이 진정한 아름다움이다.

마음으로부터 우러나오는 친절만큼 가치 있는 것도 없다

누구도 친절하고 상냥한 태도를 싫어하지 않는다. 말도 마찬가지다. 험악한 분위기에서도 말이 공손하면 분위기는 대개 누그러진다. 또 같은 의미의 공손한 말도 표현하는 방식에 따라 판이한 결과를 가져온다.

미국에서 노예제도 철폐 논의가 한창이던 1800년대의 이야기다. 두 남자가 많은 사람들 앞에서 노예제도 폐지를 주장하는 연설을 하게 되었다.

처음에 젊은 남자가 연설을 하자 잠잠하던 청중들이 웅성대면서 야유와 함께 계란을 던졌다. 다음에는 연세가 지긋한 노인이 연설을 했다. 그러자 소란이 가라앉고 청중들은 고개를 끄덕이면서 연설 내용에 귀를 기울였다.

야유를 받은 젊은 남자는 납득이 가지 않아 고개를 갸웃거렸다. 그러자 노인이 싱긋 웃으면서 이렇게 말했다.

"젊은이! 그렇게 의아하게 여길 필요 없네. 자네는 '이런 이런 짓을 하면 벌을 받는다.'고 강한 어조로 말을 했네. 그에 비해 나는 '이런 이런 짓을 하지 않으면 벌을 받지 않는다.'고 부드럽게 이야기했을 뿐이라네."

역사를 보건대 이런 방식으로 청중을 사로잡고 난관을 극복한 사람들이 많다.

"내가 곧 국가다."라고 했던 프랑스의 루이 14세의 재무대신이었던 니콜라스 푸케도 그 중 한 사람이었다. 그는 차가운 대립 관계에 있던 정적들을 자신의 편으로 만드는 비상한 재주를 지닌 인물이었다. 그 재주는 다름 아닌 특유의 부드럽고 인자한 언변이었다.

세상에는 본래부터 내면과 외면이 흐트러짐이 없는 사람이 있다. 그런 사람은 특별한 재능이나 능력 없이도 남에게 좋은 인상을 주고 실수를 해도 큰 허물이 되지 않는다. 반대로 내면은 건실하나 타고난 외모가 추하여 본의아니게 고초를 당하는 사람도 있다.

그러나 외모가 열등하다 해도 태도나 언행이 반듯하다면 그것은 전혀 문제가 안 된다. 영국 정치사에 중요한 역할을 한 윌크스도 선천적으로 추한 외모를 타고난 사람이었다. 대신 그는 매사에 정중하고 점잖아 많은 사람들로부터 폭넓은 지지를 받았다.

어느 날, 그는 영국 최고 미남이지만 행실이 좋지 못했던 타운젠트를 향해 "당신 쪽을 향하고 있는 모든 영국의 남녀들을 내 쪽으로 돌려놓는 데 단 30분이면 충분하오."라고 말해 그의 좋지 못한 행실을 꼬집기도 했다.

프랑스 혁명기, 온건한 입헌군주주의자로 유명한 미라보도 엄청난 추남인 탓에 '천연두를 앓아 곰보가 된 호랑이'라 불릴 정도였다. 그러나 미라보는 뭇 여성들로부터 놀랄 만큼 열렬한 사랑을 받았다. 그리고 그 비밀은 사람의 마음을 사로잡는 우아하고 부드러운 언행과 정중한 태도에 있었다.

이밖에도 뛰어난 재능은 없더라도 정중한 태도와 상대를 배려하는 완곡한 언변으로 큰 행운을 얻어 성공한 사람이 꽤 있다. 필라델피아의 와이남의 이야기 또한 전형적인 사례이다.

어느 날 낯모르는 두 사람이 필라델피아에 있는 그의 작은 공장을 방문했다. 그러나 그들에게 친절하게 대하는 사람은 아무도 없었다. 그때 우연히 공장에 있던 와이남이 두 사람을 공장 안으로 안내했고 그들의 질문에도 싫은 내색 한번 없이 자세하게 대답했다.

1년 남짓 흘러 그런 방문자가 있었다는 사실조차 잊혀져 가고 있을 때였다. 어느 날, 러시아에서 증기 기관차 제조 의뢰서가 날아왔다. 와이남은 영문도 모른 채 선불을 받고 러시아에 증기 기관차를 납품하여 큰돈을 벌었다.

알고 보니 와이남에게 제작 대금 전액 선불이라는 좋은 조건으로 기관차 제작을 의뢰한 러시아인들은 다름 아닌 1년 전 공장을 방문했던 두 사람이었다.

감정을 최대한 억제하라

예로부터 정중한 태도나 공손한 언행은 성공의 비결이라고 알려져 왔다. 그럼에도 살다 보면 이러한 태도를 지속시킬 수 없을 때도 있다. 상식으로는 도저히 이해되지 않는 어처구니없는 경우를 당했을 때 그러하다. 이럴 때는 좀처럼 감정을 억누르기가 쉽지 않다. 이럴 때 대부분의 사람들은 치밀어 오르는 감정 탓에 난폭한 행동을 하기 쉽다.

그러나 이런 상황에서 마음을 진정시키고 상대를 정중히 대할 수 있는 사람은 한 나라를 지배할 수 있는 인격과 도량을 지닌 사람이다. 이런 사람은 흔치 않으나 세상의 꼭지점에 서서 흐름을 주도해 나간다. 그들은 평소 일상의 번잡한 일에는 좋고 싫은 감정을 전혀 드러내지 않다가 세상의 큰 흐름에 변화의 기미가 보이면 분연히 일어나 사소한 것들을 일시에 제압해 버린다.

영국의 시인 포프는 이렇게 말했다.

"우리는 종종 '사람답지 못하다'라고 누군가를 욕하기도 한다. 그것은 그 사람이 상식 이하의 어처구니없는 잘못을 저질렀기 때문이다. 이를테면 자신의 동물적인 욕망에 쫓겨 이기적인 행위로 남에게 해를 끼쳤을 경우다. 심하면 우리는 그를 '개'나 '돼지'에 빗대어 인격적인 모독을 주기도 한다. 그렇다면 '사람답다'는 것은 무엇인가. 그것은 되도록 개인적인 욕망을 억제하여 이기적인 행위를 삼가는 경우를 말한다. 이럴 때 속칭 '사람답지 못한 사람들'은 자신을 희생해 다른 사람을 이롭게 하는 바보짓이라고 그를 비웃을 것이다. 그러나 이렇게 비웃음을 당하는 자는 비웃는 자보다 더 빨리 성공해 결국에는 비웃는 자들을 지배하게 된다."

감정을 억제해 자신을 지배하고 더 나아가 타인까지 지배

인간은 누구나 태어날 때에는
착한 감정만 가지고 있다.

그러나 자라면서 수많은 감정들을 접함으로써
분별없이 악한 감정 또한 가지게 된다.

악한 감정은 수도 없지만 그 중에서도 가장 치명적인 것은
자기 감정을 있는 그대로 표현하는 것이다.

할 수 있는 사람은, 주변에서 늘상 일어나는 감정의 소용돌이에 휘말려들지 않으며 더욱이 다른 사람에게 해를 끼치는 일은 하지 않는다.

1백 년 뒤 포프의 문학적 재능과 세상을 사는 지혜를 고스란히 계승했다는 평가를 받은 시인 스코트는 이런 말을 덧붙였다.

"자신의 감정을 이기는 자는 신이 창조한 가장 고상한 작품이다. 자신의 감정에서 자유로운 자는 냉정하고 침착한 자제심으로 어떤 일도 제대로 처리할 수 있다. 이들은 신이 마련한 성공의 문턱을 넘어설 때 무엇을 왜 참고 견뎌야 했는지를 행동으로 보여준다."

불행과 행복은
자신의 마음속에서 싹튼다

대부분의 불행은, 잘못된 생각으로 잘못된 것들을 추구하면서 살아가는 데 그 원인이 있다.

불행을 한탄하는 사람은 주어진 현실에 언제나 불만을 갖고 이렇게 할 노력도 하지 않은 채 불가능한 것들만 찾으며 살아간다. 또한 행복이란 원하는 것들이 손안에 들어왔을 때만 느낄 수 있는 것이라고 착각한다. 그러나 정작 원하던 것이 손안에 들어오면 그들은 행복을 느끼지 못하고 더욱 조바심을 낼 뿐이다.

어떤 시인은 이렇게 노래했다.

"우리는 언제나 은혜를 입고 있음에도 한번도 그렇다고 생각하지 않는다."

어리석음 때문에 늘 불행한 사람들은 행복이 어딘가 먼 곳에 있다고 여겨 일생 동안 그 행복을 찾아 부질없는 여행을 계속한다. 그러다가 인생의 끝에서 문득 상처뿐인 자신을 되돌아 보고는 행복은 없었다고 또다시 가슴을 치며 한탄한다. 지금까지 대체 얼마나 많은 사람들이 이 같은 어리석음을 되풀이하고 같은 절망감을 맛보았을까. 그들은 커다란 실망에도 불구하고 덧없는 방황을 멈추지 않는다. 아니, 오히려 더 강렬한 욕망에 사로잡혀 실속 없는 여행을 계속한다.

이들은 허세나 체면, 그리고 부질없는 욕망으로 인생을 망쳐 버린 사람들이다. 그때까지의 착실하고 건강했던 삶을 버리고, 있지도 않은 환상에 젖어 불건전한 욕망의 늪에 뛰어드는 사람들이다.

헨리워드 비처는 말한다.

"경험 없는 젊은이들의 상상 속에서 미래는 언제나 활기에 넘친 매력적인 장소로 그려진다. 그 환상 속의 미래로 떠났던 친구가 돌아와 허세와 체면으로 부풀려 이야기하면 그는 자신의 처지를 한탄하며 죽도록 일만 하는 현실은 필요 없다고 생각한다. 그래서 그들은 환상을 찾기 위해 떠난다. 지금까지 열심히 일해 온 건강한 청년이, 햇볕에 그을린 자신의 건장한 손보다 절망만을 주무른 새하얀 손에 동요되어 육체 노동을 부끄럽게 생각하는 것을 보면 더없이 슬퍼진다."

소신에 따라 행동하라

확고한 신념 없이 남의 말만 따르다가 불행해진 사람은 수없이 많다. 그들은 처음부터 스스로의 가치를 높이는 자존심이 없었거나, 아니면 자신에 대한 책임감이 결여된 사람이다. 자기의 소신을 버리고 무조건 다른 사람의 말에만 따르면 타성에 젖은 의미 없는 인생을 살게 된다. 그것은 대부분 청소년기, 친구들로부터 바보 취급과 비난을 당하기 싫다는 마음에서 형성되는 경우가 많다. 하지만 그런 식으로 오래 길들여지면 이후 나쁜 제안을 받아도 쉽게 뿌리칠 수 없게 된다.

감정을 다스리면 평화가 깃든다

감정에 매몰되면 인생을 파멸로 몰고가게 된다.

필립 시드니는 "감정에 빠지는 사람은 일찍 죽는다."고 단호하게 경고했다. 호라티우스도 "감정이란 자기와의 싸움의 연속이다. 그것은 지배할 것인가 아니면 지배당할 것인가 둘 중의 하나를 선택해야만 하는 괴로운 전쟁이다."라고 말하고 있다.

누구나 일이 잘 풀리지 않으면 될 대로 되라는 식의 격한 감정에 빠질 수 있다. 그러나 이럴 때 이성을 놓치지 않고 자기 감정을 억제하면 지금까지의 시간이 결코 헛되지는 않았다는 자신감을 얻어 더이상 깊은 절망에 빠지지 않는다.

또한 결혼생활에 있어서도 감정을 억눌러 언제나 부드러운 마음을 간직하는 것이 좋다. 서로가 참고 서로를 존중하면 '파국'이라는 비참한 결말은 대부분 방지할 수 있다.

세상을 살아가다 보면 참고 견디지 않으면 안 되는 수많은 일을 만나게 된다. 밖에서 언짢은 일이 있다고 집에 돌아와서 감정대로 화를 내버리면 가정은 아수라장이 된다.

조지 도슨은 말한다.

"방문에 '집에 돌아올 때는 걱정거리를 가지고 들어오지 말 것'이라는 쪽지를 붙여두고 출근할 때 한 번, 집에 돌아온 뒤 한 번 읽어라. 그렇다면 가정은 단란해질 것이다. 남편과 부인과 아이들의 역할은 각각 다르지만 최소한 서로의 감정을 건드리지 않으려고 노력해야만 행복을 유지할 수 있다."

인간은 누구나 태어날 때에는 착한 감정만 가지고 있다. 그러나 자라면서 수많은 감정들을 접함으로써 분별없이 악한 감정 또한 가지게 된다. 악한 감정은 수도 없지만 그 중에서도 가장 치명적인 것은 자기 감정을 있는 그대로 표현하는 것이다.

대인 관계 또는 일에서 자기 감정밖에 생각하지 못하는 사람은 불행한 사람이다.

정신적 행복에 인생의 목표를 걸어라

행복한 인생을 보낼 수 있는가 없는가는 그 사람이 무엇을 위해 어떻게 살아왔는가에 따라 달라진다. 의지만 있으면 무엇이든 실현할 수 있다고 말하는 이들은 사실 무책임한 사람이다. 어떤 새로운 일을 할 경우 무엇보다도 철저한 자기 점검을 통해 '이번 일은 내 힘으로 해낼 수 있다.'는 자신감을 가지자.

자신감이라는 것은 능력과 준비가 뒷받침된 결의를 말하는 것으로 '저 사람이라면 능히 해낼 수 있을 것이다.'라는 타인의 믿음 또한 포함한다. 그런 사전 준비조차 없이 해낼 수 있겠지 하는 식으로 덤벼들면 반드시 실패한다. 따라서 어떤 일에 달려들기 위해서는, 먼저 자신의 능력을 높이는 데 힘쓰고, 다음으로는 자기의 실력과 일의 성격을 잘 파악해야 한다. 온갖 노력을 다해도 실패만 거듭하는 사람은 바로 이 점을 잊었기 때문이다.

젊은 화가가 불후의 명작을 남기겠다는 일념으로 고흐나

하루의 삶은 자서전의 한 페이지다.
그 한 페이지 중에는
자신만의 개성을 토대로
인생의 전환점을 찾은 순간 순간이
기록되어 있다.

르느와르에 심취하여 그들의 작품을 모사만 한다면 그는 결코 자기 작품을 완성할 수 없다. 그렇다고 자신의 작품이 그들만큼 되지 않는다 해서 행복하지 않다고 생각하는 것은 잘못이다. 도저히 불가능하다고 판단되면 노력하는 과정 자체를 즐기면 그것이 바로 행복이 아니겠는가.

하루는 자서전의 한 페이지다

인간은 때가 되면 모두 죽는다. 세계를 정복하겠다는 야망을 불태웠던 알렉산더 대왕도 인생의 덧없음을 한탄하며 "지금 살아 있는 모든 사람들은 1백 년 뒤에는 아무도 남지 않을 것이다."라고 말했다.

솔로몬 왕도 "헛되고 헛되니 모든 것이 헛되다."라고 인생의 허망함을 이야기했다.

유한한 인생을 가치 있게 보내려면 주어진 시간을 최대한 활용해야 한다. 하루 24시간을 아무 목적 없이 빈둥빈둥 보내는 것과, 좋은 책을 읽고 친구와 이야기를 나누고 쾌활하고 충실하게 보내는 것은 사뭇 다르다.

괴테는 삶을 한 개의 병으로 보고 그 안에 그날 생각했던 것, 그날 취한 바른 행동 등을 주입하면 그 다음 날에는 그

용량이 더 부풀어 있을 것이라 했다.

중요한 것은 오늘 하루를 얼마나 즐겁고 가치 있게 보냈는가 하는 것이다. 이렇게 하루하루를 살면 아무리 사소하고 평범한 삶도 풍부한 인생이 된다. 인생에서 하루는 보잘 것 없으나 그것이 쌓이면 지나온 과정을 일목요연하게 볼 수 있는 한 권의 자서전이 되는 것이다.

하루의 삶은 자서전의 한 페이지다. 그 한 페이지 중에는 자신만의 개성을 토대로 인생의 전환점을 찾은 순간 순간이 기록되어 있다.

예를 들어, 우연히 읽은 한 권의 책으로 인해 그때까지 잠자고 있던 능력이 일거에 눈뜨고, 그 순간부터 보고 듣는 모든 것이 새롭고 흥미로워질 수 있다.

인생은 자기성장의 기회, 즐거운 순간 등을 포착함으로써 더욱 충실해진다. 하루의 시간은 사소하기 그지없지만 그날 어떤 책을 읽었는가, 어떤 친구와 어떤 이야기를 나누었는가, 혹은 어떤 장소를 방문하고 어떤 희망을 가지고 어떤 자극을 받았는가에 따라 인생의 중요한 가치가 결정된다.

시간의 많고 적음은 중요한 것이 아니다. 시간은 많고 적거나, 길고 짧지 않다. 다만 스스로 무엇을 생각하고, 무엇을 했느냐에 따라 다르게 느껴지는 것이다. 어제의 하루가 흘러 오늘의 하루와 연결되듯 오늘 하루도 거침없이 흘러 내일과 연결된다. 자신이 쓰는 자서전의 한 페이지를 실속 있게 채우려면 하염없이 흐르는 시간만 푸념하지 말고 적극적으로 순간의 시간을 잘 활용해야 한다.

젊음은 언제나
마음의 왕국에 두어라

사람은 누구나 나이 먹기를 두려워한다. 생명의 마지막 순간인 노년에 불안감을 느끼는 것은 당연하지만 그렇다고 두려움에 떨며 안달할 필요는 없다. 진정한 의미에서 '늙는다'는 것은 육체뿐, 정신과 마음은 언제까지나 젊고 활발하게 움직일 수 있다.

70년 이상을 살았다면 젊고 건장했던 육체가 쇠퇴하고 기능이 저하되는 것은 당연한 일이다. 그러나 반대로 정신이나 마음은 사용하면 사용할수록 활발해지고 빛을 발한다. 정신이 명료하게 깨어 있으면 작은 일에 낙담하지 않는 강인함을 지니게 된다.

하늘은 스스로 돕는 자를 돕는다는 신념을 실천한 스마일즈는 《자조론》에서 이렇게 썼다.

나이를 먹는다는 것은 슬픈 일이다. 날이 갈수록 몸이 굳고 힘이 약해져 생각대로 움직일 수 없게 된다. 그러나 정신은 다르다. 인간은 경험을 통해 삶의 의미를 깊이 생각할 수 있게 되고, 자신을 다스려 해서는 안 되는 일을 피할 수 있다. 육체는 쇠퇴해도 그에 대신하는 무엇인가를 가지게 되면 늙는 일은 무섭지 않게 된다.

육체적 삶만을 존중한 나머지 정신적 삶에 태만한 사람들은 늙는 것이 두려워 과거의 추억 속으로 기어들어가 현실을 강하게 부정하려는 경향을 보인다. 그런 넋두리를 아무렇지도 않게 하는 사람은 자신의 연륜을 중요시 여기지 않았던 것이다.

혈기 왕성한 젊은이들은 때때로 즐기는 것만이 인생의 전부인 양 착각하고는 자신의 틀 안에 갇혀 버린다. 이 얼마나 얄팍하고 슬픈 생각인가.

인생이란 결과보다도 과정이 더 중요하다. 자신이 쌓아온 과정에 전혀 기쁨을 느낄 수 없는 사람은 이때까지 살아온 것들로 인해 지금의 자신이 있음을 이해하지 못하기 때문이다.

현실이 따분하고 재미 없는 것은 마음이 따분하고 재미 없기 때문이다. 기분이 울적하고 근심걱정이 생기는 것도 자신의 마음 때문이다.

"내 영혼은 내 마음의 왕국에 있다."라는 어느 시인의 말처럼 마음을 살찌우는 일을 게을리하면 아무것도 만들어낼 수 없을 뿐더러 결국 목표 없는 어리석은 삶을 살게 된다. 한 번뿐인 인생에 그토록 비참한 일도 없는 것이다. 나이가 들어서도 정신적으로 쾌활함을 유지한다면 늙는 것은 문제되지 않는다.

가정은 행복의 원천이다

의기양양하게 사회에 첫발을 내딛었으나 삶의 무게에 겨워 허덕거릴 뿐 정신과 마음을 성장시키지 못했다면 그 말년은 행복할 수 없다.

또한 가정의 소중함을 모르는 사람, 아이들의 천진난만한 웃음에서 위로와 행복을 느껴본 적이 없는 사람도 행복한 인생을 보내고 있다고 말하기 어렵다. 자신이 써나가는 자서전의 한 갈피에 이러한 잔잔한 즐거움을 기록하지 않았다면 그 사람은 때가 되었을 때 근심 걱정과 불평 불만으로 가득 찬 과거를 읽어야만 한다.

인생에서 가장 큰 행복은 엄청난 성공이나 사람들의 찬사 속에 있는 것이 아니다. 마음의 평온함과 안락, 그리고 일상의 잔잔한 기쁨은 물질적인 성공보다 훨씬 가치 있다.

아무리 높은 지위와 큰 재물도 가족과 함께 지내는 소소한 기쁨에 비하면 아무것도 아니다. 가정은 인생의 중심이고 가장 큰 기쁨의 원천이다. 세상을 살아가는 지혜와 정신적 행복의 원천이 있는 곳도 다름 아닌 가정이다. 가정에는 슬플 때 위로해 줄 수 있는 가족과 지쳐 돌아왔을 때 등을 토닥여 주는 평온함이 있으며, 무엇보다도 미래를 바라보며 자라는 아이들이 있다.

마지막을 평안으로 장식하라

영국의 대소설가 월터 스코트는 죽음 직전 양아들에게 이렇게 말했다.

"아들아, 너에게 해주고 싶은 말이 있다. 항상 즐거운 마음으로 선행을 쌓도록 하여라. 선행을 쌓는 일은 남에게 칭찬을 듣기 위해서가 아니라 경건하고 덕이 높은 인간이 되기 위해서다. 오직 그것만이 죽음의 침상에서 평안함을 줄 것이다."

사실 스코트만큼 성공을 거둔 사람도 드물다. 그러나 그는 최후의 순간, 그보다 더 가치 있는 유산을 아들에게 물려준 셈이다. 스코트는 전 생애를 통해 사람들에게 마음의 양식이 될 수 있는 작품을 계속 써왔다. 그리고 인생의 마지막 순간 '전 인생을 통틀어 유일하게 평안함을 주는 것은 선행을 쌓으면서 경건하게 사는 것'이라고 한 충고야말로 그때까지의 모든 작품을 한 마디로 함축시킨 걸작이 아닌가.

지위나 명예나 재능에 만족하며 세상을 떠날 수 있는 사람은 아주 드물다. 그러나 아무리 가난하고 사회적 지위를 얻지 못했다 하더라도 착하게 살려는 의지로 인생을 보낸 사람은 자신의 마지막을 평안하게 맞이할 수 있다. 과거에 온갖 부귀영화를 누렸는데도 말년이 행복하지 않다면, 그 사람의 인생은 바람직한 인생이었다고 말할 수 없다.

루이 14세 당시 재상을 지낸 마자랭도 그랬다. 2개월 시한부를 선고받은 마자랭은 잠옷을 입은 채 침대를 빠져 나와 그간 애써 모은 그림이 있는 방으로 갔다. 그리고는 몸을 질질 끌면서 "이것들을 포기하지 않으면 안 된다는 말입니까." 하고 중얼거린 뒤 자기를 따르는 추종자들에게 이렇게 말했다.

"이 훌륭한 명화들을 보아라. 이 티치아노의 〈비너스〉를, 비할 데 없이 멋진 카랏치의 〈홍수〉를, 그러나 이 모든 것들과 헤어지지 않으면 안 된다는 말인가…! 이제 헤어지는 거로군, 둘도 없는 내 사랑하는 그림들과."

마자랭은 죽음이 다가올수록 안정과 평안함을 잃었다. 그리고 어느 날 눈물을 머금고 말했다.

"아아, 내 영혼은 너무나 가련하구나, 대체 어찌해야 하는가, 대체 어디로 가야 한단 말인가."

마지막으로 그는 당시 막강한 권력을 휘두르던 황후에게 다음과 같이 말했다.

"당신은 저에게 여러 가지를 주셨지만 그것은 아무런 쓸모도 없는 것이었습니다. 다시 한번 태어날 수 있다면, 두 번 다시는 재상 따위는 하지 않겠습니다. 차라리 이름 없는 수도사가 되겠습니다."

또한 마자랭처럼 재능과 지위에 재산까지 가지고 있었으나 보잘 것 없는 인생을 보내버린 또 한 사람이 있다. 그는 프란시스 데라발이다. 데라발은 주어진 재능과 재산을 세상에 베푸는 것에 대해서는 조금도 생각하지 않고 자신의 시간을 쾌락을 즐기고 하찮게 떠들어대는 것으로 소비해 버렸다.

임종의 침상에서 데라발은 친구에게 이렇게 고백했다.

"아무쪼록 내 모습을 똑똑히 보고 나와 같은 어리석은 과오는 범하지 말아 주게. 나는 쾌락만을 좇으며 그저 재미있고 우스꽝스럽게만 살아왔네. 내 정신과 육신이 온전했을 때 능력과 재산을 좋은 곳에 사용했었다면…. 그렇게 했더라면 지금 이 순간 나는 틀림없이 행복했을 것이네. 내가 한 말을 잊지 말게. 남에게 도움을 주면 그 사람뿐 아니라 자기 자신까지도 행복해질 수 있다네."

사람들은 한결같이 "이제 완성되었다고 생각한 순간, 그때까지의 지난 일들이 불현듯 생각난다."고 말한다. 또한 특히 나빴던 일이나 좋지 않은 행동은 한층 더 분명히 떠오른다고 한다. 그것은 인생의 황혼기에서도 마찬가지다.

인생을 끝낼 때쯤 되어 자신의 잘못을 깨달았다면 그 인생은 결코 행복했다고 말할 수 없다. 인생의 황혼기에서 남은 여생을 행복하게 보낼 수 있을지의 여부는 그때까지 어떤 일을 어떻게 해왔는가에 달려 있다. 그 기회는 지금 진정한 반성과 뉘우침을 통해 당신에게 다가온다.

인간은 경험을 통해
삶의 의미를 깊이 생각할 수 있게 되고,
자신을 다스려
해서는 안 되는 일을 피할 수 있다.

육체는 쇠퇴해도
그에 대신하는 무엇인가를 가지게 되면
늙는 일은 무섭지 않게 된다.